超实用的有效经验·课堂外的成长真知

年轻人
成长自助
书系

年轻人要多懂点
社交礼仪

桅藤子 / 著

天地出版社

图书在版编目（CIP）数据

年轻人要多懂点社交礼仪 / 楛藤子著. — 成都：
天地出版社, 2016.6（2021.9重印）
ISBN 978-7-5455-1964-8

Ⅰ. ①年… Ⅱ. ①楛… Ⅲ. ①心理交往—礼仪—青年
读物 Ⅳ. ①C912.1-49

中国版本图书馆CIP数据核字（2016）第037236号

年轻人要多懂点社交礼仪

著　　者	楛藤子
责任编辑	郭　淼　孟令爽
封面设计	古涧文化
封面图片	壹　图
电脑制作	北京水长流文化
责任印制	李　昆

出版发行	天地出版社
	（成都市三洞桥路12号　邮政编码：610031）
网　　址	http://www.tiandiph.com
	http://www.天地出版社.com
电子邮箱	tiandicbs@vip.163.com
经　　销	新华文轩出版传媒股份有限公司

印　　刷	廊坊市印艺阁数字科技有限公司
版　　次	2016年5月第1版
印　　次	2021年9月第4次印刷
成品尺寸	165mm×235mm　1/16
印　　张	17
字　　数	244千
定　　价	59.00元
书　　号	ISBN 978-7-5455-1964-8

学好礼仪，提升个人魅力

当我们刚刚从学校毕业，刚刚踏入社会时，以前没有意识到的交际礼仪中的某些细节开始越来越影响我们的工作与生活。有时我们会有这样的困惑，自己明明已经尽力了，却为什么没有给人留下好感呢？要怎么样才能使对方放下戒心呢？在与人交往的过程中，自己为什么总是与其他人格格不入呢……

其实，对于年轻人来说，有这样的困惑是很正常的。因为很多问题出现的根本原因就是我们没有掌握基本的社交礼仪，没有在交往过程中得体使用礼仪。虽然不提倡以貌取人，但是在当今社会，我们不得不承认，"外貌"在很大程度上决定了我们能否给人留下一个好印象，能否取得成功。我们这里说的"外貌"，并不单纯指一个人的长相，还包括了个人的穿着、行为举止和修养。一个人若是彬彬有礼，待人接物大方得体，就很容易给人留下一个好印象。

礼仪是我们最好的装饰品，它可以在最大程度上提升我们的形象。正所谓"爱美之心，人皆有之"，我们没有办法选择自己的相貌，但却可以通过掌握社交礼仪来让自己看起来更得体、更迷人。

没有人能够脱离这个社会而存在，因此社交礼仪是我们每个人的必修课。掌握必要的社交礼仪知识对于提高我们的个人魅力有着很大的作用。看到这里，可能有人会问，要怎样才能够做到举止得当、进退有度呢？

《年轻人要多懂点社交礼仪》便是为年轻人们精心准备的一本礼仪宝典，它详细地从多个角度介绍了社交中应该注意的礼仪细节。翻开这本书，我们就能知道，如何修饰自己的外在形象才能在第一时间抓住别人的视线，如何做到以"礼"服人、以德修身，如何才能在餐桌上保持形象，如何在商务应酬中打一次漂亮的胜仗，如何在接待客人和拜访他人时给人留下好印象……

该书结合现实生活中的事例，讲述了现代生活中的社交礼仪知识，还能让我们举一反三。相信在这本书的帮助下，年轻人们都能成为更有魅力的人。

第一章

个人仪表礼仪

第二章

与人会面礼仪

个人仪表礼仪

仪表形象可以传达出最直接、最生动的第一信息，反映出一个人的精神面貌，同时也会给人带来强烈而敏感的"第一印象"，它是事业成功的助推器。因此，对于追求成功的年轻人来说，注重仪表形象可以有效地弥补自身的缺陷和不足，给人留下一个赏心悦目、积极向上、有竞争力的形象，并迅速获得公众的认可，脱颖而出。

保持好形象，
展现你的风度与气质

"不是我不注意，主要是太忙了，顾不上那么多啊！"

"没必要花费时间和精力在这些表面的工作上！"

对于形象问题，这是两种最常见的态度，前者认为忙，后者是对形象的认识不足，认为形象只是虚无缥缈的东西，认为成大事者不拘这些细节，最后，结果如何呢？那就是这些不重形象者在人生各种大大小小的竞争和博弈中屡战屡败，吃尽苦头。

其实，外在形象也是一种竞争力。在社交场合中，人们常常根据对方的外貌、举止、谈吐、服饰等外在形象做出初步评价和形成某种印象，即第一印象。二十几岁的年轻人，要想在社会上更好地与人相处、在社会上立足，就要注意自己的着装是否得体、妆容是否得当、饰品是否符合身份等。

一个衣冠不整、邋邋遢遢的人和一个着装典雅、整洁利落的人在其他条件差不多的情况下，同去办一样分量的事情，结局可想而知，前者很可能受到冷落，而后者容易得到善待。尤其是到一个陌生的地方办事时，你给别人留下的第一印象更加重要。

　　不是有一种说法叫"人靠衣装马靠鞍"吗？仔细分析，这句话不无道理。恰当的着装不仅给人以好感，同时还直接反映出一个人的修养、气质与情操，它往往能在人们尚未了解你或你的才华之前，就透露出你是何种人物。

　　英国的一位心外科专家认为，整洁的外观和干净利落的外表对心脏外科医师来说是极为重要的。

　　他认为："你可称其为虚荣，但是我认为，那是有关自尊心的问题。我认为，如果我打算给我的病人诊视，告诉他们如何料理他们，而在与他们谈话时，他们看到我身体短粗肥胖，嘴角衔着根香烟，他们肯定会对我失去信任……没有谁想让一位作风邋遢、不修边幅的外科医生给自己做手术。"

　　所以说，良好的形象非常重要，它就如同一支美妙的乐曲，不仅能够给自身带来自信，还能给别人带来审美的愉悦，甚至也能"左右"他人的感觉，使你办起事来信心十足。因此，我们要随时注意保持良好的形象。

　　随着经济的迅猛发展，很多农民企业家迅速崛起，理查德就是其中之一。他以当地特产的优质大豆为原料，创办了一家豆粉饼加工厂。由于经营有方，业务很快就做大起来，不仅发展到了全美国，还发展到了亚洲地区。

　　一天，他收到了一份来自香港的大订单，就亲自带领工人连夜加班，终于在规定的时间内完工，将货物发往了香港。可是，几天之后，香港打来电话，说货物"有质量问题"，要求退货。

　　理查德非常纳闷：自己的产品向来以质量过硬而赢得卓越信誉，况且，这批产品由自己亲自监工生产，怎么会出现质量问题呢？一定是其他环节出现了问题！想到这里，理查德收拾完行李后就立即飞往香港。

　　当西装革履、风度翩翩的理查德出现在香港那家公司的总经理面前时，对方竟然惊讶地张大了嘴巴。虽然还不明白退货的问题出在哪里，但感觉敏锐的理查德已从对方的细微变化中捕捉到了什么。

在随后两天的相处中，理查德不卑不亢、侃侃而谈，充分表现出一个现代企业家应有的气质和风度，最终不仅使"质量问题"烟消云散，还和那位总经理成了好朋友，成为长期的商业伙伴。

可是，"质量问题"究竟是怎么回事呢？理查德仍然不知道。因为他和对方谈的多是企业管理和人生修养方面的问题，他们根本没有再提什么质量问题。多年之后，理查德向那位总经理询问后才得知真正原因。

原来，这批货是香港那家公司的一个部门经理向理查德订的，但在向总经理汇报后，总经理得知这批货是由"美国农民"加工生产时，他在脑海里就凭空臆想出了一个蛮横的"农民形象"。他顾虑重重，对那批货看也不看，就做了退货的决定。可当形象良好、魅力十足的理查德突然出现在他面前时，他才知道自己犯了个多么可笑的错误。

从这个故事中，我们可以充分感受到形象对于一个人的重要性。亨利·福特曾说："好形象是一个人事业成功的通行证。"这句话无疑就是对理查德成功的最恰当注释，同时也为尚未成功的年轻人提供了一把打开成功大门的钥匙。

不修边幅的人无法赢得他人的好感，更难以获得成功。所以，年轻人们，让自己像成功者一样保持良好的形象吧！

礼仪点睛

自信的态度，不仅会影响自己的生活，还会对周围的人产生影响。美国形象设计大师鲍尔说："成功男人的风格反映在外表，而优雅来自内在，它是你的自信及对自己的满意，它通过你的外表、举止、微笑展示。"

出门前，请"理"好你的头

生活中，你是不是经常听见别人在喊"那个红头发的"或是"那个黄头发的"？头部位于身体的最上方，居高临下，占据十分有利的地理位置，因此也是最引人注目的地方。所以，年轻人一定要好好整理头部，以一个好形象示人。

1. 谨防头皮屑

当你参加一个商务会议、一个客户见面会或出席一个公共集会时，要确保你外套的肩膀上、衣领上不得有头皮屑，因为每一个人都会有替你把它们掸掉的冲动。而实际上他们却不能替你掸，只能看着，心里疙疙瘩瘩的，这种情绪很有可能影响你们的会面或谈判，甚至给你带来一些无可挽回的损失。

不久前，当凯蒂走进地铁站时，一个衣着光鲜的男子正在和进站的几乎每一个人拼命握手。他拦住凯蒂说："你好，我是乔，我正在竞选市长……"他一边说一边握住凯蒂的右手，左手却在头上挠个不停。他崭新的西装上面的头皮屑越积越多（比凯蒂见到过世界上任何一个男人衣服上的头皮屑都多）。结果是凯蒂在走出他的视野后就立刻把他的竞选小册子扔掉了。

你肩膀上的头皮屑会像沙子一样引人注意，但绝不会让人心情舒畅，而是刺痛别人的双眼直至心底。所以，如果你知道你有头皮屑，那么在你参加任何一次公众活动之前，先采取一些处理措施吧。

2. 发型要得体

发型在你的形象中是一种独特的语言，它更能直观地体现你的身份、年龄、个性，气质等特征。一个适合你的漂亮发型将会为你增添无限魅力，相反，不论男女，如果你的面容、服饰都很美，一个不合适的发型就会使你顿失光彩。

当汉尼森在人力资源部门工作的时候，给他印象最深也是最不好的人是一位35岁的男士。那位男士完全有能力胜任公司实验室的工作，并且有着很好的性格，但可惜的是，他来面试的时候，头发凌乱地扎成一束马尾辫。

汉尼森向他解释这份工作会经常和客户打交道，而他大手一挥，语出惊人："我的打扮没得商量，老兄，我是一位科学家！"

汉尼森一直想知道那位男士后来如何，不过不管怎样，那位男士的那次面试失败了。

不同的发型，可以塑造出不同的视觉效果，发型设计可以使人变得活泼年轻，也可以让人变得端庄文雅。它起到修饰脸型、协调体型的作用。

但是发型必须与自己的身份、地位等相协调。比如，对一个男性艺术家来说，在脑后梳一条马尾或者是长发拂面，人们会觉得他有艺术家的气质；相反，对一般男性来说，如果头发过长，就会让人感到修养不高、气质不雅。

求职面试，首先"理"好你的头

一个人的发型是他仪表美的一部分，头发整洁和发型得体是个人礼仪对发型美的最基本要求。整洁大方的发型易给人留下神清气爽的感觉，而披头散发则会给人以萎靡不振的感觉。随着人类审美能力的不断提高，人们对发型美的要求也就越来越多样化、艺术化。一般来说，发型本身是无所谓美丑的，只要一个人所选的发型与自己的脸型、肤色、体型相匹配，与自己的气质、职业、身份相吻合时就能显现出真正的美。决定发型美的许多因素是人所无法随意改变的，但通过对不同发型的选择，可以充分展现自己美的部分，从而起到扬长避短的作用。

礼仪点睛

头部是最引人注目的地方。所以，年轻人一定要好好整理头部，以一个好形象示人。平时注意保持头发清洁，不要让头皮屑出现在衣领上。

注重衣着打扮，不修边幅的人难以赢得好感

服装在我们的日常生活中占有非常重要的地位。穿着打扮不仅反映了一个人的修养、职业，同时也反映了其个性与心理。有些人缺乏主见，别人穿什么，就跟着穿什么，却忘了自己的个人喜好和身份地位，结果看起来不伦不类。或者是由于方便或是习惯使然，着装不分场合，千篇一律。

衣着打扮也是一种语言，在人际交往中，这门语言有着不可估量的作用。在与人打交道过程中，特别是与陌生人初次见面，对方就是从衣着开始获取你的"内部信息"的。

马赫属于IT行业里面的"金领"一族，很有工作能力，然而生活中他是个"不拘小节"的人，整天一身破牛仔，从未想过个人形象这回事。

有一次，公司举行周年庆，邀请了市里的几位领导以及一些重要客户。晚宴上马赫依旧穿着那套"行头"。他刚进场，负责接待的公关部经理就皱起了眉头，说："马赫，不是早就通知了，今天的酒会要盛装出席的吗？怎么你还是这样啊？"马赫呵呵一笑，说："我只是一个技术人员，又不是领导，还穿什么盛装啊！再说了，我就只有这样的衣服，跟你一样穿西服我会浑身不自在，还是这样好，而且我习惯了。"公关部经理

语重心长地说："平常也就算了，今天来了这么多重要客人，你穿成这样，老板的面子下不来啊，你还是别过去了。"马赫不听劝告，径自向老板走去，老板看见他这身装扮，就勉强说了几句，便转身走向其他员工了。

现场的其他人也都以异样的眼光看着马赫，没有人主动上来与他交谈，甚至很多同事竟装作不认识他，令马赫十分尴尬。

常言道："人靠衣装，佛靠金装。"马赫的不修边幅，使他在宴会中遭遇尴尬。在正式的社交场合中，服饰被赋予了更多的内容。它不仅是一块"遮羞布"，而且传达着很多的信息，比如个人的品位、性格、态度等。宴请应酬当然不是为了吃饭而吃饭，它作为人际交往的平台，是展现个人修养的舞台，而服饰则可以看作舞台上的"戏服"，如何着装直接对你的角色进行了定位，决定了你能否成功。

为了让你在社交场合展现完美的自我，这里介绍几个着装方法，希望能对你有所帮助：

1. 西装

目前，西装是当今最常见、最标准、男女皆宜的正装。男士选择西装以宽松适度、平整、挺括为标准。西装最大的特点是简便、舒适，能使人显得稳重高雅、自然潇洒。

西装上衣一般不能与其他裤子搭配着穿。在颜色的选择上，藏青色、灰色和铁灰色是象征权力的颜色，普蓝色意味着友善，而精致的细条纹图案则可以为你的服装增添一些情趣和变化。

2. 领带

领带的下端应长及皮带上下缘之间或不短于皮带的上缘。领带与西装的颜色要互相衬托，而不要完全相同；暗红色、红色和藏青色可以用做底色，主要的颜色和图案要精致，不抢眼。最好选择真丝面料，优雅且四季皆宜。图案可选择小巧的几何印花和条纹，带有柔和图案的涡旋纹面料也是不错的选择。

衬衫、领带与西装三者的搭配要和谐。西装和领带的花纹不能重复。如果衬衫是白色的，西装是深色的，那么领带就不能是白色的，而应是比较暗的颜色；如果衬衫是白色的，西装的颜色朴实淡雅，领带就必须华丽、明爽一些。当然，除了衬衫、领带、西装三者之间的色彩协调应充分考虑外，这三者的色彩还应该结合你的肤色、年龄、职业、性格特征等因素来选择。

3. 腰带

腰带应是真皮材质，颜色应为黑色、棕色或暗红色。皮带的颜色应与鞋相配，皮带扣的造型要简洁。

礼仪点睛

衣着装扮也是一种语言，这门语言，在人际交往中，有着不可估量的作用。在与人打交道的过程中，特别是与陌生人初次见面，对方就从衣着开始获取你的"内部信息"。

肮脏的手握不住成功

社交活动中，人与人之间经常需要握手。握手是一种礼仪，但人与人之间、团体与团体之间的交往都赋予了这个动作丰富的内涵。一般说来，握手往往表示友好，是一种交流，可以加深双方的理解、信任，可以表示一方的祝贺、鼓励，也能传达出一些人的淡漠、敷衍。团体领导之间的握手则往往象征着合作。握手礼是使用最频繁的礼节形式，既然握手如此重要，那么，就要注意手部清洁。

小刚想做J化妆品公司的经销商，趁着J公司举办宴会之际，小刚就想来个毛遂自荐。J公司经理亲切地与小刚握手，可是小刚的长指甲差点儿划伤经理的手，原来小刚双手拇指和食指喜欢留着长指甲。看着小刚指甲里面藏着那么多"东西"，手上还记着一堆电话号码，经理只觉得"眼前一黑"，迅速收回手，不再理睬他了。

最后，J公司以小刚的形象与公司产品不符为由，拒绝了小刚的加盟。

由小刚的例子可见，肮脏的手只会令人作呕，妨碍你获得别人的好感，甚至令你丧失原本到手的成功。而漂亮的手，不但可以表现出自己的

与人相握的手不干净，是一种失礼

魅力，同时也会让他人觉得非常舒服，这样一来，成功的机会自然就多了。

别人看到你的双手，不可避免地会看到你的指甲，因此，保持指甲的美观也是必不可缺的。如果你由于各种原因不能让专业的美甲师给你设计整修指甲，那么就要靠你自己了，修剪指甲时，需要注意以下几点：

除非工作需要，一般上班时不允许涂指甲油或只允许涂无色的指甲油。手的美没有绝对的标准，但对年轻的女子来说，理想的手要丰满、修长、细腻、平滑，它应具有一种观感上形态的美与接触中感觉的美。人的双手因为长时间暴露在空气中，而且还要去做各种各样的事情，因此手部皮肤特别容易干燥、老化。因此就要时刻注意手部皮肤的保养，延缓皮肤衰老，让双手健康美丽。这样，与人交往时，当你伸出手才会让人眼前一亮，进而对你产生好感。

礼仪点睛

一般来说，握手是在相见、离别、恭贺或致谢时相互表示情谊、致意的一种礼节，双方往往是先打招呼，后握手致意。握手的顺序一般要遵循：主人、长辈、上司、女士主动伸出手，客人、晚辈、下属、男士再相迎握手。

"笑眯眯"的人魅力无限

在社交场合，微笑可以吸引别人的注意，也可使自己及他人心情放松，"笑眯眯"的人总是有魅力的。微笑是人类宝贵的财富，是自信的标志，也是礼貌的象征，微笑具有震撼人心的力量，同时它会帮你赢得事业上的成功。

威廉·怀拉是美国推销人寿保险的顶尖高手，年收入高达百万美元。他的秘诀就在于拥有一张令顾客无法抗拒的笑脸。那张迷人的笑脸并不是天生的，而是长期苦练出来的。

威廉原来是全国家喻户晓的职业棒球明星，到了四十岁因体力日衰而被迫退出赛场，而后去应征保险公司推销员。

他自以为以他的知名度理应被录取，没想到竟被拒绝。人事经理对他说："保险公司的推销员必须有一张迷人的笑脸，而你却没有。"

听了经理的话，威廉没有气馁，立志苦练笑脸。他每天在家里放声大笑百次。邻居都以为他因"失业"而发神经了，为避免误解，他干脆躲在厕所里大笑。

经过一段时间练习，他去见经理，可经理说："还是不行。"

威廉不泄气，仍旧继续苦练。他搜集了许多公众人物迷人的笑脸照片，贴满屋子，以便随时观摩。

为了每天大笑三次，他还买了一面与身体同高的大镜子摆在厕所里。一段时间后，他又去找经理，经理冷淡地说："好一点儿了，不过还是不够吸引人。"

威廉不服输，回去加紧练习。有一天，他散步时碰到社区的管理员，很自然地笑着跟管理员打招呼，管理员对他说："怀拉先生，你看起来跟过去不大一样……"这句话使他信心大增，立刻又跑去见经理，经理对他说："是有点儿味道，不过那仍然不是发自内心的笑。"

威廉不死心，又回去苦练了一段时间，终于悟出"发自内心如婴儿般天真无邪的笑容"最迷人，并且练成了那张价值百万美元的笑脸。

当你笑时，一定要记住，微笑要发自内心并且充满活力。不真诚、不自然、假装和心怀叵测的笑容，不但不会为形象增光，还会破坏原来坦然的表情。真诚的微笑，让人能通过你的微笑看到你的真挚情感。没有人会喜欢"皮笑肉不笑"的虚情假意，那只会让人更讨厌你。

在人际交往中，你对别人微笑了，就代表你对他很友好。通常情况下，没有人会拒绝对自己热情的人，所以也会尽量对你展开笑颜。于是，在彼此的笑容里，你与别人的隔阂消除了，取而代之的是彼此的关心和爱护，最终大家的心灵相通，成为了好朋友。至此，你的人脉就打开了。

礼仪点睛

微笑是人类宝贵的财富，是自信的标志，也是礼貌的象征。微笑具有震撼人心的力量，同时它会帮你赢得事业上的成功。

抖腿
会给人留下极差的印象

生活中，很多人喜欢抖腿，而且不管是什么情况下，只要一有空闲，腿就会不由自主地抖个不停，全然不顾及自己的形象。

今天是小武父亲的新公司开业的日子，小武代表父亲在饭店大门口接待宾客。20岁的小武打扮得很精神，一身黑色的西服搭配一条红色的领带，俨然就是个"小绅士"。可是小武有个习惯——一紧张腿就抖个不停。从开始迎宾，他的腿就一直在"哆嗦"，甚至还随着迎宾曲打拍子，节奏感十足，好不惬意的样子。前来的每一个宾客都会不由自主地看他两眼。这时小武的外婆由舅舅搀扶着进来了，尽管老人家一把年纪了，可是依然"眼里容不得沙子"。

外婆说："小武啊，今天是你爸新公司开业的重要日子，除了咱们家里的人，来的大多是你爸生意上的朋友，你的接待工作可是相当重要啊！"

小武拉着外婆的手说："外婆，您就放心吧，我一定做好接待的工作。"

外婆点点头，接着说："今天你是挺精神的，不过就是有个小毛病需要注意一下。"

小武从上到下仔细打量了自己一番，说："哪有什么小毛病啊，我觉得很好啊。"

"是啊，今天你这身衣服很得体，可是你那条腿为什么一直抖个不停呢？"

小武不好意思地说："呵呵，习惯了，没注意。"

"别抖了，抖得我的心都跟着你抖了，这么多客人进进出出，你往这一站，腿抖个不停，多难看啊，尽招人家笑话！"外婆严肃地说，"看看你自己，你爸拿你装门面呢，你倒好，迫不及待地显示自己的没教养，别人看了，还不是会笑话你爸没把你教好。儿子都没教好，别人还会相信你爸能把公司管理好吗？"

在商务礼仪和待客等人际交往中，抖腿会给人以不稳重的感觉，别人会认为你紧张不安或缺乏教养。小武就是养成了这种不好的习惯，在宴会场合也没有多加注意，短短几分钟就让来参加宴会的人"见识"到了他的轻浮形象，还让其父丢了面子。

喜欢抖腿是下意识的一种表现，它不是病也不需要医药来治疗，但是在社交场合一定要避免出现抖腿现象，尤其是在宴会中，你的抖腿行为会让别人对你丧失兴趣及信心，最终导致社交的失败。

礼仪点睛

在社交中，一定要避免在与人交谈时抖腿，这是很不礼貌的行为，很容易引起对方对你的反感和厌烦。

与人会面礼仪

　　会面礼仪是指见面之初应注意的礼仪，比如问候礼、称呼礼、握手礼、介绍礼等，这些礼仪都会给人留下深刻的印象。会面礼仪到位，就会得到对方较高的评价；如果不到位，就可能给双方带来隔阂。

约会要提前几分钟到达

在社交中，离不开约会。与对方相约谈判、沟通感情、普通交流或者共赴一场饭局……随时都有可能面临与别人的约会。可是由于现代生活紧张忙碌，很多人在约会时姗姗来迟，有的人甚至认为不准时赴约可以提高自己的身价。不管是出于何种原因，不准时赴约都是一种不礼貌、不尊重别人的表现。

在日本有一个十分守时的商人，叫做田中赫本。他被另一家公司的产品吸引了，所以就希望能够与对方接洽，谈成一笔生意。

一天，他约了对方公司的业务经理，希望能够在办公室以外的地方做一些交流，更加有利于生意的进展，于是他选择了一家很有名的饭店。

在接到田中赫本的邀请函以后，对方公司的业务经理也是非常高兴的。因为对他们公司的发展来说，能够与田中赫本领导下的大企业合作，也是十分有利的。可是，这单生意是田中赫本先提出来的，那么为了更好地掌握主控权，业务经理想到要在约会的时候晚到一会儿。

还有几分钟才到约会的时间，田中赫本先到了相约的地点。他四下瞧瞧，空空荡荡，不见对方的身影。田中赫本翘首以待，左等右盼，对方还是迟迟不来，时间在一分一秒地过去，田中赫本不由得惋惜起来，他为空耗时间而惋惜，又为对方"失约"而恼怒，他暗暗打定主意，最多只能容忍对方30分钟。真是无巧不成书，到了31分钟那个业务经理才来，超过田中赫本内定标准一分钟，此时田中赫本已看到业务经理前来赴约的身影，但他还是不能容忍对方的不守时间，毫不犹豫地招手叫住一辆出租车扬长而去，等那个业务经理发现田中赫本的身影并赶上来时，只能看见远去的出租车扬起的尘土了。

田中赫本认为不守时的人是不足以在商业上合作的。因为遵守时间也是一种商务承诺，如果对方身为业务经理，却没能做到的话，那么公司的信誉问题恐怕也不会太好。

业务经理的迟到，令其失去了一单生意。生活中类似的不尊重他人时间的情况还有很多，当然，带来的后果也都比较惨痛。

约会时提前几分钟到达是个好习惯，这不仅能赢得对方的尊重和肯定，也可能会为你带来意外的收获。特别是商务约会，很多时候你是代表公司去赴约，而不是个人，如果你迟到了，那么公司的形象会跟着受到损失。

礼仪点睛

现实中，不管是跟恋人约会，还是跟朋友、客户谈事情，都要提前出发，早一点儿到达约定的地方，这样会让人有被尊重的感觉，你也会因此而受益。

选择适宜的行礼方式

生活中，因为中外礼节不同而闹出笑话的事情屡见不鲜；在社交应酬场合，因为彼此礼节不同而失礼于人的现象也时有发生。而现在的许多年轻白领，以行洋礼、过洋节为荣，许多时候都是欧美式做派，常常忘了中国自身的礼仪，闹出了不少笑话。

所以，要想做应酬"达人"，就需要了解下面几种常见的会面行礼方式，因人而异、因地而异，选择适宜的行礼方式。

1. 握手礼

握手是最为常用的一种礼节。各国首脑会晤之时也都是以握手行礼，足可见握手礼的重要性。握手的具体要求将在下文详细介绍，在此不作赘述。

2. 拱手礼

拱手礼，又叫做揖礼，在我国至少已有2000多年的历史，是我国传统的礼节之一，常在人们相见时采用。即两手握拳，右手抱左手。行礼时，不分尊卑，拱手齐眉，上下加重摇动几下，重礼可作揖后鞠躬。

3. 鞠躬礼

鞠躬的意思是弯身行礼，是表示对他人敬重的一种礼节。"三鞠躬"称为最敬礼。在我国，鞠躬常用于下级对上级、学生对老师、晚辈对长辈，亦常用于服务人员向宾客致意，演员向观众致谢。行礼时，人们要立正站好，保持身体端正，面向受礼者两三步远，以腰部为轴，整个肩部向前倾15°以上。

4. 拥抱礼

拥抱礼是流行于欧美的一种礼节，通常与接吻礼同时进行。当你和客户建立起深厚的情感关系，方可在迎送时行拥抱礼。拥抱礼行礼方法：两人相对而立，右臂向上，左臂向下；右手挟对方左后肩，左手挟对方右后腰；双方头部及上身均向左相互拥抱，然后再向右拥抱，最后再次向左拥抱，礼毕。

此外，在涉外的商务会面中，人们还需要注意贴面礼、合十礼、吻手礼等行礼方式，表达对海外贵宾的尊重，为彼此的合作打下良好的基础。

礼仪点睛

在世界经济一体化的今天，涉外活动已经是经常且平常的事了。在涉外活动中，应做到尊重国际公众，礼貌待人，了解国外人们的种种忌讳，避免不礼貌情况的发生。

握手有分寸，
让交流从掌心开始

在大多数国家的礼仪中，握手是见面和离别时的礼节，并且它还表示感谢、慰问、祝贺或鼓励等。那么，怎样握手才最有风度呢？

标准的握手方式是行至距握手对象一米处，双腿立正，上身略向前倾，伸出右手，四指并拢，拇指张开与对方相握，握手时用力适度，上下稍晃动三或四次，随即松开手，恢复原状。

在握手时，神态要专注、热情、友好、自然，面含笑容，目视对方双眼，同时向对方问候。

除此之外，握手还要注意以下四个细节：

1. 先后顺序

男女之间，男方要等女方先伸手后才能握手，如女方不伸手，无握手之意，可用点头或鞠躬致意；宾主之间，主人应向客人先伸手；长幼之间，年幼的要等年长的先伸手；上下级之间，下级要等上级先伸手。

多人同时握手切忌交叉，要等别人握完后再伸手。握手时不要看着第三者，更不能东张西望。

军人戴军帽与对方握手时，应先行举手礼，然后再握手。

握手要掌握分寸，让交流从掌心开始

2. 握手力度

为了表示热情友好，握手时应当稍许用力，但不要把对方的手握疼。在一般情况下，握一下即可。男士与女士握手不能握得太紧，西方人往往只握一下女士的手指部分，但老朋友可以例外。

3. 握手时间

可根据握手双方亲密程度灵活掌握握手时间的长短。初次见面者，一般应控制在三秒钟以内，但时间过短，会被人认为傲慢冷淡，敷衍了事。

4. 握手禁忌

握手时另一只手不能放在口袋里，也不能戴着手套或戴着墨镜。只有女士在社交场合可以戴着薄纱手套与人握手。握手时不宜发表长篇大论，也不宜点头哈腰。

同时，还要注意：与基督教徒握手时，要避免交叉，这种形状类似十字架，会被他们视为不吉利；不要用左手与阿拉伯人、印度人握手，因为他们认为左手是不洁的；不要坐着与人握手，这是不礼貌的，但长者或女士除外。

礼仪点睛

握手是一种使用率最高的社交礼仪，作为年轻人，我们不可不知其中的规则。不同的国家有不同的风俗习惯，不同的人群有不同的约定俗成的握手习惯，这些都需要了解。

得当的介绍，
让自己成功"走"出去

马先生去朋友家吃饭，饭桌上，朋友介绍一人给马先生认识，对方自我介绍后，马先生站起来说："我姓马，'风马牛不相及'中的'马'。"说完还特意伸着脖子声情并茂地学马叫了两声，搞得对方一脸无奈。

第一印象往往对彼此的进一步交往起着决定性的作用，如果在初次见面时你不知礼，那么初次很可能就是最后一次了。而在第一印象中，自我介绍是非常重要的。

虽然说中国人都以谦虚为美德，但在竞争激烈的今天，适时地推销自己已成为实现自我的一种手段。如果你缺少积极推销自己的勇气，最好能在简短的自我介绍中表现出自己的长处，给人留下良好的印象。这其中有一些需要注意的细节。

自我介绍，可以说是一种简单的自我表现方法。一般说来，名字就是一个人的招牌，不仅要告诉对方自己叫什么，还应设法让对方记住。

自我介绍时，最值得注意的是，自己的名字要特别说清楚。一些人在自我介绍时，口中喃喃自语，吐字不清，而使别人听不清楚。因为对方听不清楚你在说什么，自然也就记不住你的名字，甚至会认为你这个人有些阴沉、消极。因此，自己的名字，一定要一个字一个字清楚地说出来。

在自我介绍时告诉对方自己的姓名，在告别时，最好再向对方告知一遍。这样一来，不但使对方容易记住你，而且你也能给对方留下一个很积极的印象。

介绍是人们相识的重要方式，介绍可以在许多场合使用，但在某些场合中的介绍是有讲究的。一般来说，应介绍年轻人给老年人，介绍地位低的给地位高的，将男士介绍给女士，将未婚者介绍给已婚者。当把一个人介绍给多数人时，则应当遵守先职位高后职位低、先长后幼、先女后男的原则。

介绍时，一般简略地介绍一下被介绍者的姓名、身份即可。如果被介绍人担当的职务很多，可以只介绍级别最高的职务或与之有关的职务，其他职务不必一一都介绍。要实事求是地介绍，不要忘记被介绍者的重要身份，使其不能受到应有的重视，也不要夸大其词地胡乱吹捧，使对方处于难堪的境地。

当别人介绍自己时，就要从座位上站起来，表示出很愿意认识对方的样子，并主动把手伸出与对方握手。如果对方是女性，就必须等对方伸出手后再去握手。如果她不伸手，可以点头表示致意。当介绍两个人互相认识后，不要马上离开，要等双方交谈上几句话后，再借故告辞。但也不要该走不走，当双方谈兴渐浓时，应当找借口适时地离开。

介绍的情况是多种多样的，应根据具体情况灵活处理。

礼仪点睛

与人初次见面，一段合理的自我介绍是非常关键的，这决定着你留给对方第一印象的好坏。而且，在竞争激烈的今天，通过自我介绍，适时地推销自己已成为实现自我的一种手段。

名片大学问，
如何接发最有"礼"

一天，大民参加一场宴会，现场大家彼此交换名片。不过，由于名片太多了，没多久，大民的名片夹就放不下了，大民只好把接来的名片顺手塞进裤兜里，以便腾出手来接更多的名片。可是，大民丝毫没有注意，在他转身的一瞬间，对方的脸沉了下来。

人们在社交时，大多会互赠名片，这是一种很平常的行为，却有着十分重要的意义。首先名片可以记录你所遇到的人，其次更为重要的，它们是你与名片主人进一步联系的依据。这些小小的名片很有可能成为你日后成功的垫脚石。那么，在你与别人交换名片时，就一定要注意一些小细节，不可随意对待别人递过来的名片，如果像大民那样顺手将别人的名片塞进裤兜，常常容易得罪人而不自知。

既然交换名片如此重要，那么，在互赠名片时我们都应该注意什么呢?

1. 发送名片不可贪早

名片交换礼节的第一步是选择适当的时候交换名片，除非对方要求，否则不要在年长的上级面前主动出示名片，那样显得十分不礼貌。

在一群陌生人中最好不要到处传发自己的名片，那样会让别人误以为你是个低素质的推销员，只会鄙视你。因此，在商业社交活动中要有选择地发送名片。

假如你所面对的是一群不认识的人，那么最好等别人先发送名片。名片的发送可在刚见面或告别时，但如果你即将发表自己的意见，就应该在说话之前发名片给周围的人，这样可以有助于他们认识你。

如果你出席重大的社交活动，那么一定要事先准备好名片。交换名片时如果名片已用完，可用干净的纸代替，在上面写下个人资料，不可随便写在别人的名片后面代替，那只会显得你不尊重对方。

2. 递交名片忌随意

递送名片给别人时，不可随随便便，要郑重其事，应该起身站立，走上前去，使用双手或者右手，将名片正面朝上，递交对方。此外，不要用手指夹着名片递给别人，那样会显得你很轻浮且不尊重对方。此外，不要将名片举得高于胸部，也不能低于腰部以下。

如果你所面对的是少数民族或外宾，最好将名片上印有对方认得的文字那一面面对对方。将名片递给他人时，应该说"请多指教"、"多多关照"、"今后保持联系"等，或是先向对方做一下自我介绍。

如果是与多个人交换名片，那么要讲究先后次序，或由近而远，或由尊而卑，一定要依次进行。切勿挑三拣四，采用"跳跃式"，否则会被人认为厚此薄彼。地位较低的人或是来访的人要先递出名片。

3. 恭敬地接受别人的名片

当别人要递交名片给你或者与你交换名片时，你应立即停止手上所做的一切事情。如果手上有东西应该立刻放下，起身站立，面含微笑，目视对方。接受名片时应该双手捧接，或以右手接过，切勿单用左手接过。

在你接过对方的名片后，要立即用半分钟左右的时间，从头至尾将其认真默读一遍，意在表示尊重和重视对方。接受他人名片时，应口头道

谢，或重复对方所使用的谦词敬语，不可一言不发。若需要当场将自己的
名片递过去，最好在收好对方名片后再给，不要左右开弓，一来一往同时
进行，那样容易出现交叉递送的错误而造成尴尬。

当你接过别人的名片后，应细心地将名片放入上衣口袋或者名片夹
中。若接过他人的名片后在手头把玩，或随便放在桌上，或装入臀部后面
的口袋，或交与他人，都是十分失礼的行为。

除此之外，不要弄脏名片，不要在用餐时发送名片，切忌折皱、玩耍
对方的名片，更不要在别人的名片上作标记，因为这些做法都会引起对方
的反感，导致你社交的失败。

礼仪点睛

交换名片需要我们掌握一定的时机，如果时机不当，非但
不能结交新的人际关系，还会给人以不好的印象。

拿捏好最佳的社交距离

寒冷的冬天，一群刺猬被冻得瑟瑟发抖，它们为了取暖，就紧紧地挤在一起，但是各自长长的尖刺很快就把对方刺痛了，于是就四散分开了。

天寒地冻，寒冷使它们很快又聚集在了一起，但是当它们彼此靠近时，又重复了上一次的痛苦。这些刺猬不断地分了又聚，聚了又分，徘徊在寒冷和被刺痛两种痛苦之间。

直到后来，它们终于找到了一个合适的距离，既可以互相取暖，又不会刺伤对方。

其实，我们每个人都像一只刺猬，人与人之间的交往也应该有一定的距离，即"身体距离"和"心理距离"。

"身体距离"即"私人空间"，"心理距离"即"孤独感"。所谓"私人空间"，是指环绕在人体四周的一个抽象范围，用眼睛没有办法看清它的界限，但它确确实实存在，而且不容他人侵犯。在拥挤的车厢或电梯内，你总会在意他人与自己的距离。当别人过于接近你时，你就会通过调整自己的位置来逃避这种接近的不快感。

一位心理学家做过这样一个实验：

在一个刚刚开门的阅览室里，当里面只有一位读者时，心理学家就进去拿椅子坐在他（她）的旁边。进行了整整80次的实验，结果证明，在一个只有两位读者的空旷的阅览室里，没有一个被试者能够忍受一个陌生人紧挨着自己坐下。当心理学家坐在他们身边时，被试者——对方不知道这是在做实验——很快就默默地离开到别处坐下，有人则干脆明确表示："你想干什么？"

这就说明，人们不管走到哪里，"私人空间"的意识都是永远存在的。

交往中需要与人保持一定的距离似乎是人人都知道的道理，可最佳的距离是多少呢？

最佳距离首先取决于你交往的对象是谁。美国人类学家爱德华·霍尔在《无声的语言》中，制订了一个人际心理距离和空间距离相对应的尺度，用四个区域来表示：

1. 亲密区

距离在0厘米~46厘米之间。这个区域属于家庭成员、莫逆之交等最亲密之人的空间。在这个区域内，两个人可以互相接触，能嗅到各自身上发出的气味，说话一般轻声细语。这个距离尤其适用对肌体的抚慰。两人一旦处于亲密区的距离，就会排斥第三者的加入。

2. 熟人区

熟人区分两个层次，一是46厘米~60厘米，这是私人的空间距离。夫妻或情侣之间可以在这个距离中自由来往，如果别的女人试图和一个男人处在这个距离内，那这个男人的妻子或女朋友必定大发雷霆。另一层次是60厘米~120厘米，老同学、老同事、关系融洽的隔壁邻居之间的距离就属于这个距离。当我们向人吐露心声时，差不多总在这个距离内进行。这个区域的话题可以或多或少地涉及"机密"，而且统统是个人的、与双方有关的事宜。

社交距离有说道，拿捏尺度很重要

3. 社交区

距离120厘米～360厘米，也分两个层次，一是120厘米～210厘米。如在办公室里，一起共事的人总是保持这个距离，进行一般性交谈，分享与个人无关的信息。另一个层次是210厘米～360厘米，如正式会谈时，人们一般都保持这个距离。这个距离内目光的接触比交谈更重要，没有目光的接触，交谈的一方会感到被排斥于外，也许会导致交谈中断。进入这个区域的人彼此相识，但不熟悉，交谈内容多半是事务性的，不含感情成分。

礼仪点睛

年龄较大的人与年龄较小的人相处，双方都会有缩小空间距离的愿望和要求；同龄人之间，则有一种要求扩大交往距离的潜在冲动。

牢记他人的姓名，得体地称呼对方

　　人对自己的姓名最感兴趣。把一个人的姓名记全，并很自然地叫出口，这是一种最简单、最明显，而又是一种最能获得对方好感的方法。特别是在上流社会的社交中，因为每个人都是有身份和地位的人，每天都会应对很多人，所以如果还能记住对方的名字并且能够亲切地喊出来，那么对于对方来说，这无疑是一种尊重和肯定。

　　二战期间美国民主党全国委员会主席、邮务总长吉姆是一位传奇人物。他小时候家里很穷，十岁就辍学去一家砖厂做工，他把沙土倒入模子里，压成砖瓦，再拿到太阳下晒干。吉姆没有机会接受更多的教育，可是他有爱尔兰人乐观的性格，使人们自然地喜欢他，愿意跟他接近。在成长过程中，吉姆逐渐养成了一种善于记忆人们名字的特殊才能，这对他后来从政起到了重要的作用。

　　罗斯福开始竞选总统前的几个月中，吉姆一天要写数百封信，分发给美国西部、西北部各州的熟人、朋友。而后，他乘上火车，在十九天的旅途中，走遍美国二十个州，行程一万两千里。他除了乘坐火车外，还用其他交通工具，像轻便马车、汽车、轮船等。吉姆每到一个城镇，都去找熟人进行一次极诚恳的谈话，接着再开始下一段的行程。当他回到东部时，立即给在各城镇的朋友每人一封信，请这些朋友把曾经和他们谈过话的客人名单寄来给他。名单上那些不计其数的人，他们都得到吉姆亲密而极礼貌的复函。

吉姆早就发现，一般人对自己的姓名最感兴趣。把一个人的姓名记住，并很自然地叫出口，对方会觉得你对他有好感。若反过来讲，把对方的姓名忘记，或是叫错了，不但会使对方难堪，而且对你自己也是一种很大的损害。

用清晰的声音喊出别人的名字，是人际交往的第一步。它意味着我们对别人持一种重视的态度。含糊不清叫喊会使对方感到不愉快，以为我们把他看得无足轻重，或者根本不把他放在心上。当多年未见的朋友突然出现在我们面前，清晰地叫出他的名字将是最好的欢迎，它说明无论隔多少年，我们仍然记得友情。当我们置身在许多人中间，没有比——清晰地叫出他们的名字更能够说明我们对他们的关注了。

牢记他人的姓名并得体地称呼对方，是对对方的一种尊重，也是树立自己良好形象的一个有效方法。所以在上流社会的社交中，我们一定要多费心思，记住与你交往的人的姓名，大方得体地叫出来，你会发现发生在你身上的变化与惊喜。

礼仪点睛

在交际中，我们都希望自己的名字能被人准确而响亮地叫出来，同样的道理，在社交中记住他人的名字也很重要。这是对彼此的一种尊重和肯定。

迎人三步，更要身送七步

俗话说："出迎三步，身送七步。"在社交应酬中，许多人对迎接礼仪往往热烈隆重，却常常忽视了送别礼，这样就常常给人以"人一走，茶就凉"的悲凉感，无形中引起了别人的反感。

在中国的商务应酬中，许多知名企业家都深知"身送七步"的重要性，也格外注意送别的礼节，中国商业的巨人李嘉诚就是其中一个绝佳的典范。

一位内地企业家在接受电视采访时谈到了他去李嘉诚办公室拜访李嘉诚的经历。

那天，李嘉诚热情地接见了他。会谈结束之后，李嘉诚起身从办公室陪他出来，送他到电梯口。更让他惊叹的是，李嘉诚不是送到即走，而是一直等到电梯上来，等他走进电梯后还举手告别，直至电梯门合上。

身为亚洲首富的李嘉诚日理万机，可他依旧注重礼节，严格遵循"身送七步"的礼仪，亲自送客，没有一丝一毫的怠慢之举。

这位内地企业家面对着电视机前的亿万观众动情地说："李嘉诚这么大年纪了，对我们晚辈如此尊重，他想不成功都难。"

迎来送往要恰到好处

"身送七步"，商业巨人李嘉诚都不忘的待客礼仪，年轻人更要铭记在心，以实际行动给人贴心之感，这样才能拉近和对方的心理距离，增进双方感情。

那么，除了"身送七步"外，送客时还需要我们注意些什么呢？

1. 让客人先起身

当客人提出告辞时，要等客人起身后再站起来相送，切忌没等对方起身，自己先起立相送。更不能嘴里说再见，而手中却还忙着自己的事，甚至连眼神也没有转到客人身上。

2. 送客也不失热忱

当客人起身告辞时，应马上站起来，主动为客人取下衣帽，帮他穿上，与客人握手告别，同时选择最合适的言词送别，如"希望下次再来"等礼貌用语。每次见面结束，都要以将再次见面的心情来恭送对方回去。尤其对初次来访的客人更要热情、周到、细致。

礼仪点睛

送客时应主动与客人握手送别，并送出门外或送到楼下，不要在客人走时无动于衷，或"点点头"或"摆摆手"算是招呼，这都是不礼貌的。最后，还要用热情友好的语言欢迎客人下次再来。

与人面谈礼仪

第三章

如何说话才能赢得别人的尊敬，达到自己预期的社交目的呢？也许你能言善辩，但大家可能对你避而远之；也许你不善言辞，但每个人都愿意把你当作知心朋友。要知道交际不是一个人的独白。因此，掌握谈话礼仪是必要的，且不可缺少的。谈话礼仪是人们交流感情、增进了解的主要手段，年轻人要善于"听其言，观其行"，掌握面谈礼仪。

不羞怯，说话大大方方

小敏是个聪明漂亮的女孩，工作也不错，身边不乏男孩子追求，但却没有一个能相处得长的。原来，小敏有一个说大不大说小也不小的毛病——一说话就脸红、捂嘴。

小敏的上一个男朋友说："每次朋友、同事聚会时，都不愿意带她去，不管口才好不好，大大方方的就行，可她每次一说话就脸红、捂嘴，带不出去。"

羞怯，不是个贬义词，但过分羞怯那就不好了。因为它会影响到我们的生活，就像故事中的小敏一样。

一说话就脸红，一笑就捂嘴，一出门就低头，这是许多天性羞怯者的共同表现。虽然屡下决心，却总是不能够大见成效，怎么办呢？下面有几点建议：

1. 想象自己是完美的化身

这是许多名模、影星在表演之前惯用的"伎俩"，也同样适用于"普通人"的社交场所。面对大客户或提案前，先静坐，心中默想曾有的愉悦感受，譬如曾经聆听的悠扬乐章，愈具体效果愈好。以拥有者的态度走入每间屋子，昂首阔步，抬头挺胸，仿佛一切都在你的掌握之中。

2. 大胆表现自我

把自信心视为肌肉，需要定时持之以恒地锻炼，如果稍有懈怠，它很快会松弛。改善外表，换一套新洗过的衣服，去理发店吹个发型，这些办法会使你觉得焕然一新，增强自信。

3. 进行想象练习

想象你正处在你最感羞怯的场合，然后设想你该如何应付。这样在脑海里把你害怕的场合先练习一下，有助于临场表现。

礼仪点睛

恐惧是阻碍人说话达到预期效果的重要因素。害怕当众讲话，没有谁会是特例。关于如何克服当众怕羞的心理，树立自信是关键。你要相信，当你开口说话时，听众当中有人相信你的能力，相信你对议题有十分精准的判断。

有风度地与人交谈

　　所谓风度，是指美好的举止、姿态及表情等。说话的风度是一个人内在气质的言语表现，是一个人的涵养的外化。使自己的说话具有风度，是增强自己说话魅力的重要途径。良好的说话风度，往往具有很大的吸引力。正如德国戏剧家莱辛所说："风度是美的特殊再现形式。"

　　孔子说："文质彬彬，然后君子。"风度正是外在语言和内在气质的恰当配合。首先，风度是一种品格和教养的体现。如果一个人没有高尚的道德情操，没有一定的文化修养，没有优雅的个性情趣，其说话必然是粗俗鄙陋、琐碎不雅的。其次，风度是一种性格特征的表现。比如性格温柔宽容、沉静多思的人，往往寥寥几句的轻声细语就能包含浓烈的感情成分；而粗犷豪放、性情耿直者，则说话开门见山、直来直去。再次，风度是涵养的一种表现。这主要表现在处理人际关系时，不卑不亢，雍容大度。最后，风度是一个人说话的选词造句、语气腔调、手势表情等等的综合表现。如法官在法庭说话时，则正襟危坐、不苟言笑。

　　在日常的说话、判断或讲座中，我们可能会遇到这种情况：同样的话，这个人说，我们就很愿意接受，而换成另一个人说，我们就不但不愿接受，而且还会产生一些反感情绪。为何会出现这两种截然相反的结果呢？这实际上牵涉到一个人说话的态度问题，而说话态度又是说话人风度的最直接体现。

我们说话的目的，是为了把自己的意思告诉他人，让他人明白、了解、信服或认同我们。如果说了话，别人没什么反应、不信服或产生反感，这就没有意义了，说了还不如不说。那么，怎样才能锻炼出理想的口才，增加说话成功的几率呢？这就要求说话者要有良好的态度。

那么，究竟什么才是良好的态度呢？怎样才能表现良好的态度呢？下面几点尤为重要。

首先，别人希望我们对他的态度是友好的，希望我们愿意和他做朋友；别人希望我们能体谅他的困难，原谅他的过失；别人还希望我们能关心他们，帮助他们，思考他们的问题，并对他们提供有用的建议，与他们成为友好的、忠实的、热心的朋友。

其次，别人希望我们对他本人、对他所做和所讲的事情均感兴趣。每个人都有此希望，包括我们对别人也是如此。因而，我们最好能做一个对什么都感兴趣的人。当我们谈话时，要把在场的每一个人都看到。我们的双眼，要随时在每一个人的脸上停留片刻，对于那些没有讲什么话的人和那些看似不太自在的人，特别要注意，要设法找些话题跟他们交谈，以便解除他们的紧张和不安的心理因素。

总而言之，别人希望我们对他讲的东西都感兴趣，并希望我们的态度是友善的、良好的。作为一个成功的说话者，我们要力争做到如此。说话时给人良好的态度，是展现我们说话魅力的保证。

礼仪点睛

说话是一门应当用心钻研的艺术，说实话需要语言修饰，要巧妙地表达自己的意思；当说一些"坏话"时，更要用心选择恰当的方式。

委婉含蓄的说话方式
易被人接受

　　委婉是一种修辞手法，是指在讲话时不直陈本意，而用委婉之词加以烘托或暗示，让人思而得之，而且越揣摩，含义越深远，因而也就越具有吸引力和感染力。委婉含蓄是说话的一门艺术，它体现了说话者驾驭语言的技巧。生活中有许多事情是"只须意会，不必言传"的，如果说话者不考虑当时的情境，不顾及别人的感受，把想说的话直接表达出来，不仅起不到应有的作用，还可能会引起对方的不悦，破坏相互之间的和谐关系。

　　传说汉武帝晚年时很希望自己长生不老。一天，他对侍臣说："相书上说，一个人鼻子下面的'人中'越长，命就越长。'人中'长一寸，能活百岁，不知是真是假？"侍臣东方朔听了这话后，知道皇上又在做长生不老梦了，不觉哈哈大笑。汉武帝见东方朔似有讥讽之意，面有不悦之色喝道："你怎么敢笑话我！"东方朔脱下帽子，恭恭敬敬地回答："我怎么敢笑话皇上呢，我是在笑彭祖的脸太难看了。"汉武帝问："你为什么笑彭祖呢？"东方朔道："据说彭祖活了800岁，若果真像皇上刚才说的，那么彭祖的'人中'就有八寸长了，他的脸不就有丈把长吗？"汉武帝听了，也哈哈大笑。

从上面的事例我们可以看出，委婉含蓄主要具有如下三方面的作用：

第一，人们有时表露某种心事，提出某种要求时，常有种羞怯、为难心理，而委婉含蓄的表达则能淡化这种羞怯。

第二，每个人都有自尊心。在人际交往中，对对方自尊心的维护或伤害，常常是影响人际关系好坏的直接原因。而有些表达，如拒绝对方的要求，表达不同于对方的意见，批评对方等，又极容易伤害对方的自尊。这时，委婉含蓄的表达常能取得既能完成表达任务，又不伤害对方自尊的目的。

第三，有时在某种情境中，例如碍于某第三者在场，有些话就不便说，这时就可用委婉含蓄的话来表达。

但是，使用这种表达方式时也要注意，委婉含蓄不等于晦涩难懂，它的表述技巧首先是建立在共同语境中对方能够明白的前提下，否则你的表达就是没有意义的。另外，委婉含蓄并不适合任何场合，需要直白的时候就不要委婉含蓄，否则反而会引起别人的反感。

礼仪点睛

喜欢"直来直去"说话的人，常常只考虑到自己的"不吐不快"，而不去考虑旁人的立场、观念、性格和感受等，所以多半会"伤害"别人。年轻人须牢记这一点。

利用好交际中的"黄金短语"

在浩如烟海的俗成语言中，有一些是人们极其常用，又对人际交往起着极其重要作用的短语，若能在适当场合适当地使用，会给我们带来意想不到的良好效果。这些短语简洁明了，通俗易懂，充分体现了语言文明的基本形式。

熟人相见自然要打个招呼，彼此陌生的人见面时也应该打个招呼，从事服务性工作的人对顾客更需要打招呼。这就是我们通常所说的问候，问候是人际交往中的重要环节。随着社会的进步，交往中对语言文明的要求更高了。

下面是现代社会里用得最多，也是最有效果的一些"黄金短语"。

1. "早上好"

无论你昨天多么累，在今天早上起来后，在这新的一天里，都要精神抖擞地向你周围的人道一声"早上好"，特别是对你的老板和同事。

道一句"早上好"就是要打破从昨天下班以后到今天早上一直处于停顿状态的同事关系，重新开始新一天的人际关系，因此，对别人说"早上好"是很有必要且是一个礼貌的行为。

"早上好"是一句问候语，是亲善、友好的表示，更是一种信任和尊重。"早上好"一旦说出了口，双方就有了亲切、友好的意愿，彼此间的距离便缩短了。

2. "请"

在西方国家，几乎在任何需要麻烦他人的时候，"请"都是必须挂在嘴边的礼貌语。如"请问""请原谅""请留步""请用餐""请指教""请稍候"等等。多使用"请"字，会使话语变得委婉而礼貌，是比较自然地把自己的"位置"降低，将对方的"位置"抬高的最好的办法。

3. "谢谢"

生活中，我们要常说"谢谢"两个字。道一声"谢谢"，看似平常，却能引起人际关系的良性互动。人际交往里有一个"黄金法则"，内容是"你如何对待别人，别人也会以同样的方式给予回报。"

向别人表示你的感谢是一个积极而有意义的举动。因为这是一种感恩的心态和行为。千万不要忘了你身边的人——你的家人、朋友、老板、同事——他们是了解你和支持你的人。说出你对他们的谢意，并用良好的心态回报他们吧，这样他们就会给予你更多的支持和帮助。

对他人的道谢要答谢，答谢可以用"没什么，别客气""我很乐意帮忙""应该的"等用语来回答。

4. "对不起"

说声"对不起"，生活更容易。

有一句话说得好："智者千虑，必有一失。"一个人再聪明能干，也会有犯错误的时候。人在做了错事之后，往往有两种截然不同的态度：一种是拒不认错，找借口为自己辩解开脱；另一种是坦诚承认错误，向大家说声"对不起"，并勇于改正。

"对不起"是消除后遗症的"定心丸"，说得越及时越好，说得越真

交际中巧妙运用"黄金短语"

早上好，吴经理，我把文件放您桌子上了。

早上好，小刘，谢谢你，我看到了。

不客气，吴经理，有事您找我。

小刘是个热情有礼貌的好员工啊！

新来的吴经理真是有礼貌，平易近人，怪不得所有的同事都喜欢他呢！

诚越好。道歉既是尊重别人，也是尊重自己，它不但能弥补过失，还能化解危机。

"对不起"能使强者低头，使怒者消气，使说者更加成熟。

5. "我不知道"

对自己不知道的事情，坦率地说"不知道"，这样反而更容易赢得别人的尊重。孔子曾说过："知之为知之，不知为不知，是知也。"这启示我们，当我们真的不知道时，不妨直言"我不知道"。在现实生活中，许多人不愿意说出"我不知道"这四个字，认为这样做会让别人轻视自己，令自己没有面子。其实，事情正好相反。

平时动不动就说"我知道"的人，一般都是不善于与他人交往和不受人喜欢的人；而敢于说出"我不知道"的人，则是具有智慧的人，因为但凡有智慧者，都有勇气承认"没有人会知道一切事情"这个事实。

"我不知道"是一种动力，能让我们不断学习，不断进步，赢得尊重，获得成就。

礼仪点睛

与人交谈多使用敬语，因为敬语能表现说话者对对方的态度。使用适当的敬语，双方不仅能正常地保持人际关系，还会提高别人对你的评价。

客客气气地与尊者说话

　　长辈、老人、老师、领导等对年轻人来说都是尊者，与这些人说话至少应做到客客气气，这是最起码的尊重，否则就会招致一些尴尬。

　　从前，有个县官带领随员骑着马到王庄去处理公务，走到一个岔道口，不知朝哪边走才对，正巧一个老农扛着锄头迎面走来。

　　县官（坐在马上神气十足）："喂，老头，到王庄怎么走？"

　　老农头也不回，只顾赶路。

　　县官（不悦，大声吼）："喂！老头，问你呐，长没长耳朵啊！"

　　老农（停下）："我没有时间回答你，我要去李庄看件稀奇事呢！"

　　县官："什么稀奇事？"

　　老农："李庄有匹马下了头牛。"

　　县官："真的？马怎么会下牛呢？"

　　老农："世上的稀奇事多着哩，我怎知道那畜牲为什么不下马呢！"

　　还有一个类似的故事：

过去，有个年轻人骑马赶路，忽见一位老汉从这儿路过，他便在马上高声喊道："喂！老头儿，离客店还有多远？"老汉回答："五里！"年轻人策马飞奔，急忙赶路去了。结果一气跑了十多里，仍不见人烟。他暗想，这老头儿真可恶，说谎话骗我，非得回去教训他一下。他一边想着，一边自言自语："五里，五里，什么五里！"猛然，他醒悟过来了，这"五里"不是"无礼"的谐音吗？于是拨转马头往回赶，追上了那位老人，急忙翻身下马，亲切地叫声："老大爷……"话没说完，老人便说："客店已过去很远了，如不嫌弃，可到我家一住。"

这两则流传很广的故事，通俗而明白地告诉人们在人际交往过程中对尊者说话时客气的重要性。"人而无礼，不知其可"，粗俗的言行与得体的礼貌将产生截然相反的效果。

在尊者面前说话，尊重与不尊重，结果的对比是十分鲜明的。请看这样一个例子：

有一批应届毕业生22个人，实习时被导师带到国家某部委实验室里参观。这些学生坐在会议室等待部长的到来时，有个女秘书过来给他们倒水。这些学生表情木然地看着她忙活，其中一个学生还问了句："有绿茶吗？"女秘书回答说："抱歉，刚刚用完了。"这时有一个名叫李悦的学生看着有点儿别扭，就说道："人家给你倒水还挑三拣四的。"当那个女秘书给他倒好水后，他轻声说："谢谢，大热天的，辛苦了。"女秘书抬头看了他一眼，虽然这是很普通的客气话，却是她今天听到的唯一一句。

门开了，部长走进来和大家打招呼，不知怎么回事，静悄悄的，没有一个人回应。李悦左右看了看，就带头鼓了几下掌，同学们这才稀稀落落地跟着拍手。部长挥了挥手："欢迎同学们到这里来参观，平时这些事一般都是由办公室负责接待，因为我和你们的导师是老同学，非常要好，所以这次我亲自来给大家讲一些有关情况。我看同学们好像都没有带笔记本，这样吧，杜秘书，你去拿一些我们部里印的纪念手册，送给同学们作纪念。"接下来，更尴尬的事情发生了。大家都坐在那里，很随意地用一只手接过部长双手递过来的手册。部长的脸色越来越难看，走到李悦面前时，已经快要没有耐心了。

就在这时，李悦礼貌地站起来，身体微倾，双手接住手册恭敬地说了一声："谢谢您！"部长闻听此言，不觉眼前一亮，伸手拍了拍李悦的肩膀："你叫什么名字？"李悦从容作答，部长微笑点头回到自己的座位上。

两个月后，毕业分配表上，李悦的去向栏里赫然写着该部委实验室。有几位颇感不满的同学找到导师："李悦的学习成绩最多算是中等，凭什么选他而没选我们？"导师看了看这几张尚属稚嫩的脸，笑道："是人家点名来要的，其实你们的机会是完全一样的，你们的成绩甚至比李悦还要好，但是除学习之外，你们需要学的东西太多了。修养是第一课，言行上一定要学会尊重，在长辈、领导面前要客客气气的……"

客客气气地与尊者说话，不仅能体现你的良好修养，更是"实现利益"的必备条件。因为长辈、老人、老师、领导有丰富的人生经验，如果能得到他们的喜爱，他们就会传授给你很多珍贵的人生经验，让你在人生道路上少走一些弯路。

礼仪点睛

有的人在日常生活中说话调子非常高，显得自己很有能耐，一副无所不知、无所不会的样子，这样的人很难得到大家的好感。如果在说话的时候有这样的毛病，必须要改正，不然永远会处在交际圈的边缘。

开玩笑要有分寸

　　不难发现，生活中那些会开玩笑的人特别受欢迎。他们凭借一个得体的玩笑，不仅给他人带来了欢乐，而且能迅速获得别人的好感。但是，开玩笑也要有分寸，并不是所有的场合都适合开玩笑，并不是所有的话题都可以用来开玩笑。如果把握不好开玩笑的"度"，不仅会得罪人，甚至还会给自己带来不良的后果。

　　莉莉是一家公司的外勤人员，是个聪明伶俐的女孩。她脑子快，还有丰富的幽默细胞，无论到哪儿都是颗"开心果"。但如此可爱的莉莉小姐，却得不到老板的青睐。原来，她不仅跟同事开玩笑，还会和平易近人的老板开玩笑，却不注意开玩笑的分寸。

　　一次，莉莉带着刚刚谈好的客户和协议来找老板签字。看到老板龙飞凤舞的签名，客户连连夸奖说："您的签名可真气派。"莉莉听了却调皮地说："能不气派吗？我们老板可暗地里练了三个月了，况且这是他写得最多的字。"此言一出，老板和客户都感到很尴尬。

　　开玩笑也是要分对象的，如果双方都是同事，莉莉的话也许并不会引起对方的反感，但是在客户面前开老板的玩笑却是大忌，这会让老板觉得很没面子，客户也不知道该怎样继续下去，这就是莉莉为什么得不到重用的原因。

有一家报纸上还刊载过这样一件事：

李某和几个朋友一起喝酒，几杯酒下肚后，朋友和李某开起了玩笑："瞧你这丑样，你那儿子倒很漂亮，莫不是你媳妇跟别人生的？"这本来是句玩笑话，李某却偏偏是个小心眼的人。

回家后，李某就醉醺醺地向妻子找碴儿："你说，我长的是啥样，为什么这孩子不像我？到底是不是和我生的？"他边说边逼近妻子，冷不丁地从妻子怀里抓过孩子，把孩子扔到炕上，又顺手抓起枕头压在了哭叫不已的孩子的脸上，可怜的孩子顿时没有了哭声。见此情景，妻子极力想救孩子，却被丈夫打倒在炉灶前。急恨交加中的妻子顺手抓起炉灶旁的炉钩甩向李某。只听"哎呀"一声，李某松开了枕头，慢慢地瘫倒在地上。

妻子从地上爬起来，不顾一切地向儿子扑了过去，急忙掀去枕头，看到儿子的小脸儿憋得青紫，已经奄奄一息了。再看丈夫，他倒伏在地上，一动不动，一股青紫色的液体顺着他的右腮淌下。原来她甩过去的炉钩的尖端，刚好嵌进李某一侧的太阳穴，她见状吓得昏了过去。

只因一句玩笑话，顷刻间，好端端的三口之家毁于一旦。所以，开玩笑时，务必要考虑这个玩笑带来的后果，绝不要随意开玩笑。

礼仪点睛

朋友、熟人之间适当开开玩笑，可以活跃气氛，融洽关系，增进友谊。但开玩笑一定要适度，要因人、因时、因环境、因内容而定。

客气的话要适可而止

　　假如你到一个朋友家去，你的朋友对你异常客气，你每说一句话他只是"唯唯"而答，和你说话时他总是满口客套，唯恐你不欢，唯恐得罪了你。在这种情况下，你一定会觉得如芒刺背，坐立不安，直到离开他家，才觉得如释重负。

　　这种情形你大概遇见过不少，但是你必须想一想，你是否也如此对待过来客呢？

　　虽然是客气，但这种客气显然让人受不了。"己所不欲，勿施于人"，请记住这句名言。

　　刚开始会客时说几句客气话倒没什么，若一直说个不停就不太妥当了。谈话的目的在于沟通双方的感情，加深双方的了解，而客气话则恰恰是横阻在双方中间的墙，如果不把这堵墙拆掉，人们只能隔着墙做一些简单的敷衍应酬而已，很难有更深层次的交流。

　　客气话是表示你的恭敬和感激的，不是用来敷衍朋友的，所以要适可而止，多用就会显得虚伪。如果有人替你做了一点儿小小的事情，比如说倒了一杯茶，你说声"谢谢"就足够了。

　　说客气话的时候要充满真诚，像背熟了一般泻出来的客气话最易使人

赞美的话要切合实际

讨厌。说话时态度更要温和，不可显出急忙紧张的样子。此外，说客气话时要保持身体的平衡，过度的打躬作揖、摇头弯身并不是一种雅观的动作。

把平时对朋友太客气的语言改成坦率的词语，你一定能获得更多的友谊；对平时你从来未表示过客气的人们稍说一些客气话，如家中的佣人、你的孩子、商店的伙计、出租车司机等等，你一定会收到意想不到的好处。

要避免过分客气。在一个朋友家中，如果你显得随便自然一些，主人也就不会过分客气了。反过来，当你是主人的时候，你也可以运用这一方法。

说话要实在，而不要虚假，这是说话要具备的条件之一。与其空泛地说"久仰大名，如雷贯耳"，毋宁说"你的小说真是文笔流畅，情节动人，让人爱不释手"等话。恰如其分的赞美不仅不会让他感觉你这是客气话，反而觉得你是个热情知心的人。

礼仪点睛

说话办事要客气，这是我们常听到的劝解。话不错，但客气也要有度，也要讲究艺术。否则，别人会觉得你这个人很假，从而对你避而远之。

不要随便与人争辩

在社交场合，无论你自己的知识多么丰富，也不要借此来"压倒"别人，使人难堪。在别人愿意听你的意见的时候，你可以把你所知道的讲出来，给别人作参考。同时，还要声明你所知道的是极有限的，如果有错误，希望大家不客气地加以指正。

在听到自己不以为然的意见的时候，应不应该反驳呢？这要分几种情形来决定：

1. 如果在座的人，大家都很熟悉，而且经常喜欢在一起讨论问题，那么，就应该根据自己所知，讲出自己认为正确的道理。否则就会失掉互相讨论的意义，而且也就犯了对朋友不忠实的毛病，会被人家称作"滑头"。不过在态度上应该谦虚，不要因为自己知识丰富，就显示出自命不凡、自高自大的神气来。

2. 如果在座的人，大家都是初识，你对他们的脾气、身世、人格、作风都不大清楚的时候，那么对于那些你不同意的意见就最好不要反驳，起码不要当场反驳，当然也不必随声附和，冒充知音。如果别人问到你时，你可以推说："这几点，我还没有好好想过。"或者说："某人的话，也有他的道理，不过，各人看法不同，仁者见仁，智者见智，不能一概而论。"在比较陌生的场合，这不能够称作"滑头"，但如果自己明明不同意，也大点其头，大加赞许，那才是真的"滑头"，虽然能够骗得那个发表意见之人一时的高兴，但却被那些冷眼旁观的人所不齿，失去更多人对你的信任。

3. 如果有人在大庭广众之下，发表荒谬至极的言论，或散布对大家有害的谣言，那么就应该提出反驳。但是，在这种场合，就多少需要一点儿说话的技巧，一方面一针见血地揭露出对方的错误，一方面又能够轻松幽默地争取大家的认同。切忌感情用事，这样不但会把气氛弄得太过于紧张，而且也不易让人明白你的看法。在这种时候，就需要考虑得十分周到。

4. 倘若自己熟悉的朋友，在社交场合说了一些不得体的话，或是发表了一些不恰当的意见，那么，你就要设法替他"解围"了。这时就要想出一些表面上和他不冲突的话，实际上是替他补充，使别人觉得他的意见并非完全错误，只是有点儿偏差，或是他的本意原非如此，只是措辞上有一点儿不妥而已。但事后，却应当单独地向他解释，指出他的错误。

总之，大家见了面，总不免要说话，也就难免会听到自己不同意、不满意的话。对这些话，要采取什么态度，应该根据当时当地情形来作决定。

礼仪点睛

"事情有缓急，说话有轻重"，有些人在日常交际中，对问题缺乏理智思考，容易反驳别人，说话没轻没重，以致说了一些既伤害他人也不利自己的话。其实，把话说得有轻有重，有理有据，并非人们想象中那么难。只要将心比心，把自己对别人说的话放在自己的位置上想一想，就知道我们所说的话对不对了。

拒绝他人别太生硬

在生活中，我们经常会面对他人的请求，比如借钱、帮忙做某事等。如果我们对这些请求并不愿意接受，却又不好意思说"不"，我们就会使自己陷入十分为难的境地。或者违心地答应下来，心里却别别扭扭；或者假装答应却不做，结果失信于人。

一般来说，我们应该尽可能地帮助他人，因为乐于助人是做人的一种美德，但帮助别人不能没有原则，无条件接受就是对自己的不尊重。

例如，你在法院工作，你的一个朋友的亲戚做了违法的事，正好由你审理，朋友的亲戚托他给你送来一些钱，求你网开一面。如果你收了钱，那么你就是知法犯法，弄不好会给自己招惹不必要的麻烦。

现实生活中，虽然不会有很多人请你做违法的事情，但有的时候，他们的要求过分而不合理，或者打乱了你的生活计划，或者无端将分内之事推卸给你，这些情况并不少见，可见，"拒绝"是生活的必需品。我们不能毫无原则地接受别人的请求，面对那些有违原则的事情时，巧妙地说"不"是我们应该采取的应对方式。

记住，所有人的观念都是不相同的，无论你怎么努力，也不可能让所有的人都满意，你必须学会恰当地拒绝。

下面介绍几种委婉拒绝之道：

1. 巧妙转移法

不好正面拒绝时，可以采取迂回的战术，转移话题也好，另有理由也罢，主要是善于利用语气的转折——绝不会答应，而不致撕破脸。比如，先向对方表示同情，或给予赞美，然后提出理由，加以拒绝。由于先前对方在心理上已因为你的同情而对你产生好感，所以对于你的拒绝也能以"可以谅解"的态度接受。

2. 幽默回绝法

幽默拒绝法是希望对方知难而退。正如前文所讲的，钱钟书在拒绝别人时用了一个奇妙的比喻。钱钟书在电话里对想拜访他的英国女士说："假如你吃了个鸡蛋，觉得不错，又何必认识那个下蛋的母鸡呢？"用下蛋的母鸡比喻自己，不但巧妙生动，而且幽默风趣地拒绝了对方。

3. 回避主要问题法

通过回避主要问题，而将话题引向细枝末节，这样的回绝是很高明的。

大个子吉姆是一位被公司冷落的老主任。有一天，他的部门经理拍着他的肩膀说："吉姆，你看是不是早日把你的职位让给年轻人呢？"

"好啊，就这么办！"

"咦，你愿意？"

"是啊，不过俗话说'鸟去不浊池'，所以我有一个请求，希望能让我把正在进行的工作彻底完成再走。"

"哦！这是理所当然的。不过，你那个工作预计什么时候可以完成呢？"

"我想，大概还要10年吧！"

乍一听，似乎觉得老主任是个很大度的人，不计较个人利益。然而老主任马上找了一个借口"站好最后一班岗"，而部门经理不知道，这正是老主任回绝的理由。

4. 敷衍拒绝法

敷衍式的拒绝是最常用的一种拒绝方法，敷衍是在不便明言回绝的情况下，含糊回绝请托人。敷衍是一种艺术，运用好了会取得良好的效果。

有一次庄子向监河侯借贷，监河侯敷衍他，说道："好！再过一段时间，等我收租收齐了，就借你三百两银子。"监河侯的敷衍很有水平，不说不借，也不说马上借，而是说过一段时间收租后再借。这话有几层意思：一是我目前没有，现在不能借给你；二是我也不是富人；三是过一段时间不是确指。

总之，委婉拒绝不仅是一种策略，也是一门艺术。二十几岁的年轻人要掌握这一有利于人际交往的语言表达方式。

礼仪点睛

拒绝别人要委婉，遭到别人拒绝也应该不失风度。因为一时的拒绝并不等于永远拒绝，甚至有可能是对方的一个"小花招"。你如果因此口出恶言，就有可能没有了回旋的余地。

知人莫言尽

在某百货公司里，一位顾客正在要求退回一件外衣。她已经把衣服带回家并且穿过了，只是她丈夫不喜欢。她解释说"绝对没穿过"，并要求退换。

售货员检查了外衣，发现明显有干洗过的痕迹。但是，直截了当地向顾客说明这一点，顾客是绝对不会轻易承认的，因为她已经说过"绝对没穿过"，而且精心地伪装过。而且，双方可能会发生争执。于是，机敏的售货员说："我很想知道是否你们家的某位成员把这件衣服错送到干洗店去了。我记得不久前我也遇到过类似的事情，我把一件刚买的衣服和其他衣服堆在一起，结果我丈夫没注意，把那件新衣服和一大堆脏衣服全塞进了洗衣机。我怀疑你是否也遇到这种事情，因为这件衣服的确看得出已经被洗过的痕迹。不信的话，你可以跟其他衣服比一比。"

顾客见被识破了，便无话可说，况且售货员又为她的错误准备好了借口，给了她一个台阶下。于是，她也"顺水推舟"，乖乖地收起衣服走了。

故事中的售货员之所以能顺利解决这起小事件，避免起纷争，关键就在于她事先替那位顾客找好了借口，留足了余地。

在我们周围，总有一些时时处处与他人争斗的人，在他们的不断攻击下，你可能会不由自主地陷入"争斗"的漩涡，并因此焦躁起来：一方面为了面子，一方面为了利益。有时会一得了"理"，便不饶人，非逼对方鸣金收兵或竖白旗投降不可。然而"得理不饶人"虽然让你暂时吹响胜利的号角，但这也很可能是下次"争斗"的前奏。对方失去的面子和利益，很可能会择机"讨"回来。

虽然"得理不饶人"是你的权利，但何妨"得理且饶人"。放对方一条生路，让对方有个台阶下，为对方留点儿面子和立足之地，有时对自己也有好处。因此，在交际中要做到话莫说尽，事莫做绝。

礼仪点睛

做人要拥有一颗宽容的心。不要苛求别人的完美，宽容会让你自己不断完美起来。只有我们拥有了一颗宽容的心，别人才能感受到我们的真诚，在我们指出他们缺点的时候才能心悦诚服地接受。

电话沟通礼仪

电话是非常重要而且便利的通讯工具，无论是在生活中，还是在工作中，电话都扮演着越来越重要的角色。电话礼仪不仅能反映我们的修养，还直接影响着一个公司的形象和声誉。通过电话交谈可以粗略判断出一个人的礼貌、礼节等，因而，掌握电话礼仪是非常必要的。

及时接电话，
别让铃声响过三声

打电话时，人们都习惯于在等待电话被接通前的时间里最后调整一下思绪，而这个电话被接通前的等待时间，往往被人们的惯性所设限——电话铃响三声为限。电话铃一响便接听，则容易打乱双方的思绪，而电话铃响过了三声还无人接听，打电话的人就会焦躁起来，不满情绪由此滋生。

因此，电话铃一响，应尽快准备接听，而不要置若罔闻，或有意延误时间，让对方久等。拖延时间不仅失礼，甚至会产生许多不必要的误会。

某家干洗店的新员工表示，经常有客户打电话询问衣服是否洗好。由于洗好的衣服上都有一个号码牌挂在外面，他就请客户稍等，然后放下听筒去外面查看。他只顾着找那号码牌，等找到以后去接电话时，客户却早已等得不耐烦而挂断了电话了。

在遇到这种因找资料而需要对方等待的情况时，注意不要让对方久等，最好在15秒之内给出答复。如果不能及时找到资料，可请对方先挂机，等找到资料后再给对方去电话。无论遇到何种情况，让来电者在电话一旁长时间等待，都是一种极其失礼的行为，极容易导致对方的反感。

此外，在某些特殊情况下，人们实在难以遵循"响三声就接"的接听电话原则时，则应注意灵活处理。

某公司的客户经理在会议室接待一个客户时，突然秘书前来转告他有一个紧急电话，是公司老板打来的，老板正为一件项目的失利而大发雷霆。一听到这个，经理心中惊恐万分，也顾不得和客户解释，就急匆匆地离开会议室，前去接听电话。经过一番解释，公司老板才知道这原来是个误会，是某位下属不小心送错了材料所致。和公司老板通完电话，他才想起客户还在会议室里，便急匆匆赶回会议室，可惜客户早已经离开了。客户留下一句话："你们经理实在太忙了，我看这个合约的事情还是等以后再说吧！"

事后，不管这位经理如何解释，客户都没能原谅他的失礼，一笔生意也就此泡汤了。

遇到这种接待客户和接听电话都要顾及的时候，不仅要分清主次，更要不失礼节。如果电话过于紧急而不得不接时，就需要向被接待的客户致以诚挚的歉意，在获得客户谅解的情况下再去接电话。或者是接起电话向来电者致歉，另约时间回电，再继续接待客户。

总之，电话铃声一旦响起，要立即放下手头的事，在电话铃响三声的时候，迅速接起电话，即使是离电话机很远，也要赶紧过去接电话。

礼仪点晴

当听到电话声响起时，我们应迅速起身去接，拿起听筒，若对方没有发话，你也可先自报一下家门，让对方明了你的身份。作为接话人，通话过程中，要仔细聆听对方的讲话，并及时作答，给对方以积极的反馈。

注意电话交谈中的语气

电话交谈中，语气是影响一个人形象的重要因素。如果语气好会让对方认真去听；如果语气不好，对方就不会乐意去听，甚至还会讨厌你。大多数人在用电话沟通的时候往往没有意识到这一点的重要性。而事实上，语言的交流通常仅占了整个交流过程的7％，大部分的交流都是由非语言信息完成的。而非语言信息的交流包括身体语言、语调、神态等方面。

在打电话的时候，没有办法使用身体语言，所以我们的语气、语调就会显得特别的重要。我们的语调还能表达出我们的感情和情绪，还能表达出我们对对方的态度。所以，要记住"重要的不是我们说了些什么，而是我们说话的方法"。

我们必须要明白并不是所有的身体语言在电话交谈的过程中都用不上。虽然正在和我们交流的人看不到我们，可是他在和我们进行电话交谈的时候，就会在大脑的意识里勾画出我们的样子，表情和身体语言等。

所以说，如果我们想给对方留下一个好印象，那我们就必须要用能给对方留下好印象的语气和语调来讲话。

在讲话时要传达这样的语气给对方：态度明确，热情洋溢，乐于帮助，举止得体。

　　如果具体一点儿来说的话，电话交谈语气可分为不合适的方式和合适的方式两种类型。

　　不合适的方式包括：恼怒的，粗鲁的，不愿意帮忙的，高高在上的，不明事理的，傲气十足的，讽刺挖苦的，不乐意的，讨厌的，冷漠的，傲慢的，冷酷的，犹豫不决的等这样的语气。

　　合适的方式有：热情的，有礼貌的，高兴的，自信的，平易近人的，冷静的，令人宽慰的，关怀的，同情的，体贴的，友好的，感兴趣的，温暖的，轻松的，明智的，支持赞同的等语气。

　　在电话交流中，我们一定要努力学会并习惯性运用这些合适性的语气，并努力抛弃那些不适合的语气。唯有如此，才能给对方留下一个好印象，交流才能开心顺畅。

礼仪点睛

　　有些人打起电话没完没了，如果非得挂断对方电话的话，应当说得委婉、含蓄一些，不要让对方难堪。比如，不宜说"你说完了没有？我还有别的事情呢"，而应当讲"好吧，我不再占用您的宝贵时间了"，"真不希望就此道别，不过以后真的希望再有机会与您联络"等这样的话。

第一句话要说好

一般情况下，刚踏进公司的新员工，多少都会接受一些电话交谈礼仪的培训。但是，时间一久，或与客户熟悉了就忘记了一些基本的做法。电话交谈从某些方面来说，的确要比面对面来得困难。

如果你试着蒙住两个人的眼睛，你会发现他们的交谈可能维持不到一分钟便无话可说了。不是一起开口说话，就是彼此沉默不语，总是无法顺利地进行。

电话是一种见不到对方的交谈，虽然有人只想听到对方的声音就好。但是，对于电话的交谈，应该时时注意。因为你的一句话，给予对方正面或负面的影响，有时会比你想象的要大得多。

由电话的另一端传来的声音及谈话，都有可能影响到对方的情绪。虽然这与面对面的交谈相同，但是两者最大的不同是，电话谈话无法直接观察到对方情绪变化和脸部表情。

当对方情绪已经起了变化，如果没有察觉而又说了一大堆，对方愿意继续听下去吗？所以，当接听电话时，第一句话就给对方留下良好的印象，有利于接下来的交谈顺利进行。

尽管我们都不太愿意承认，但我们总是很快就会通过和对方的简短接

触就给对方的形象下定义，也许是在两三分钟之内。在电话谈话当中，也许就是接听电话的前几句话，我们就会决定是否喜欢他们，或是否愿意和他们交往下去，而此形象一旦定格，就很难改变。为了避免给来电者留下不好的形象，我们必须注意电话接听的前几句话。为了做到这一点，很多商务公司都规范其公司的接听语，例如，早上好！××公司。甚至有的国内企业为了无形中提升其企业的档次，要求员工必须用汉语和英语接听电话，虽然只是几句英语，却无形中使来电者觉得：这家公司似乎很有实力，说不定和国外有业务来往等。因此电话接听的前几句话显得尤其重要。

为了给对方留下积极的印象，接听电话之前必须注意控制好语气、音量和说话的速度。按照你的职业习惯表达的第一句话，应该是以积极、热情、乐于助人的态度一气呵成。

总之，接听电话的第一句话十分重要，一定要多加注意，并努力将你美好的形象和情绪，通过这一句话第一时间传递给对方。

礼仪点睛

在接听电话时，第一句话一定要控制好语气和态度，因为对方是能感知到的。此外，在通话过程中，不要对着话筒打哈欠，或是吃东西，也不要同时与其他人闲聊。

你的微笑由你的声音传达

在商务电话沟通中，我们要让客户听到我们的微笑，因为带有微笑的声音是非常甜美动听的，也是极具感染力的。将你带笑的声音传递给电话另一端的人，对方会更容易接受你，更乐意与你交谈下去。因为人是追求美和快乐的动物，笑声则传达了你的快乐，电话那端的人当然愿意和一个快乐的人交谈。

笑容不只表示自己的心情很好，那种亲切明朗的快乐会感染身旁的每个人，也会感染电话另一端的人。心烦意乱的时候，会使人一颗心直往下沉，如果这时也能努力展开笑颜，那么，不知不觉中，气氛就会轻快许多，跟周遭人的沟通也容易、顺利得多了。

不管何时，只要笑容可掬地接听电话，声音便会把明朗的表情传达给对方。在接听电话的那一时刻，你的态度是热情的还是冷漠的，是感兴趣还是不感兴趣，是关心的还是烦躁的，是能理解还是没有耐心，是接受还是拒绝，这些都是可以感受得到的。为什么？这是因为声音能够展示与构建出你的形象。

例如下面的两组对话，虽然谈话的内容是一样的，但由于声音的不同，产生了两种结果。

第一组："喂！钢铁公司吗？××同志在吗？"

"××同志不在。"

（急不择言）"为什么不在？"

（火了）"我怎么知道！"

（语塞了）"那……那就跟你说吧。"

"对不起，你待会儿再打吧！"

电话挂了，得罪了人，又没办成事。

第二组：（微笑）"喂，纺织工厂吗？请问××同志在不在？"

"对不起，他不在。"

"哦，同志，那对你说也一样，我是光明商店的。"

"好，请说吧。"

事情很顺利地办好了。

微笑着打电话，可以让对方听到你的亲切与友善，从而有利于双方的沟通，给你的工作带来方便。

礼仪点睛

接听电话，即使你看不到和你通话的人，你也要像对方就在你的面前一样对待对方。因为对方一直在注意听你的声音，包括语调和心情，你需要把你全部的注意力投入在电话中。

挂不好电话，就会前功尽弃

通话结束时，不要忘记向对方说声"谢谢""再见"等礼貌用语，再轻轻挂上电话，不可只管自己讲完就急匆匆地挂断电话，难免给人以蛮横、恶劣的印象。为了能留给对方好印象，千万不要忽略了最后的礼貌，谨言慎行才是得体的应对之道。

维嘉是一家贸易公司的秘书，有一天，恰好在她忙得不可开交时，接到一个客户打来的电话，维嘉在听了客户一番长长的问题后，只简单地回答了一下就挂了电话。客户有些到嘴边的话还没有说完，就听见电话那端传来"嘟嘟"的声音。客户并没有想到维嘉会在他之前挂断电话，心里十分不快。

后来这个客户与维嘉的上司一起聊天时，说到了维嘉那次提前挂电话的事，她的上司回来就把维嘉训了一顿。

在接听电话时，还没等到客户说"再见"，就重重地挂上电话，这是一个十分不礼貌的行为。虽然电话是通过声音交流，客户看不见你，但你的情绪、语气和姿态都能通过声音的变化传达给对方。不管你手头有多少工作需要尽快处理，都不可粗鲁地挂断电话，这会让客户感到你不懂礼貌，对你产生坏印象。弄不好还会影响你与客户之间的沟通与交流，影响与客户的生意合作。

一般而言，商务电话都是由打电话的那一方先挂电话，这是基本的电话礼貌，因为是有事情的人打电话过去，事情联络好交代完后理应挂上电话，这样才可算是交易的完成。但是如果遇到的是长辈，可就另当别论了，为了表示尊重，不管是打电话的或是接电话的都应该由长辈先挂，在确定对方已经挂线后，自己再轻轻地放下听筒。

此外，在挂电话前要说一些礼貌用语，如"让您费心了""谢谢您在百忙中接听了我的电话""抱歉，打扰您了""谢谢！真是不胜感激"等致谢的话。这样会让双方都感到愉快。

电话不仅传递声音，也传递你的情绪、态度以及风度。因此，接每个电话都要将对方视为朋友，态度恳切，言语中听，不管手头有多么重要的工作，也不要急着将电话挂断，以免在最后一刻给客户留下不好的印象，让前期的"付出"功亏一篑。

礼仪点睛

挂电话时，放电话一定要轻，不能"啪"的一声重重挂上，这样的结果往往会使你前功尽弃。虽然听筒不会因为用力挂几次就会轻易坏掉，但粗暴地挂断电话的态度，不仅不会节省时间，反而会让对方感到不愉悦。

别选错打电话的时间

给客户打商务电话，最好是事先约定一个通话时间，或者是选择一个客户方便的时间。

选择适宜的通话时间，关键是要替对方考虑，看看这个时间对于客户来说是否合适。

此外，选择通话时间也要考虑到你和客户的交往程度。只要考虑到这两点，就可以找到一个适宜打电话的时间，也会让客户更容易接受你。

在不恰当的时间打电话是很失礼的，尤其是在拨打商务电话时，更应该注意时间是否恰当。现代社会，由于工作关系，很多人作息时间并不一致，因此，不要以自己的作息时间来规范别人。初次认识，交换名片或互留电话时，可先询问对方方便接听电话的时间。

如果你对客户的作息时间不了解，给你一个参考依据，一般情况下，大多数人一天的作息时间如下：

1. 8: 00~10: 00

这段时间大多数客户会紧张地做事，这时接到一般的电话也无暇顾及。所以这时你不妨安排一下自己的工作。

2. 10：00~11：00

这时你的客户大多不是很忙碌，一些事情也会处理完毕，这段时间应该是电话沟通的最佳时段。

3. 11：30~14：00

午饭时间，除非你有急事，否则不要轻易打电话。

4. 14：00~15：00

这段时间人会感觉到烦躁，尤其是夏天，所以，不要去和客户谈生意。

5. 15：00~18：00

努力地打电话吧，你会在这时取得成功。

当然，如果你想确保万无一失，了解客户的作息时间，你可以在不同时间打几个电话试试，那么，你很快就可掌握联系不同客户的最佳时间。你要记住向客户提下面这几个问题：

"每天什么时间给您打电话最好？"

"请您告诉我每天的什么时间最容易找到您？"

"在一天里，您什么时间最方便接电话？"

同时，由于在商务电话沟通过程中，为了达到成交的目的，往往需要与客户进行三番五次的沟通。在这一过程中，如果有重要的事情须与客户沟通，可以事先约好时间。这样才能保证商务计划的顺利进行。

此外，还要依据不同行业的作息时间调整电话拜访时间，比如医生最忙是上午，下雨天比较空闲；销售人员最闲的日子是热天、雨天或下雪天，或者上午9点前下午4点后；行政人员10点半后到下午3点最忙；忙碌的

打电话切记选择好时机

高层人士最适合的时间是早上8点前，下午5点后……对专业的采购机构，建议打电话时间应在上午10点到10：45，下午2：30到4：30。如果你想找老总，就在9：30左右打电话，那时他已经把所有上午需要安排的工作安排完了，有充分的时间接听你的电话。

还有，打公务电话尽量要公事公办，不要在别人的私人时间，特别是在节假日时间里麻烦对方。

礼仪点睛

有意识地避开对方的通话高峰时间，业务繁忙时间，生理厌倦时间，这样打电话的效果会更好。但是，如果你所从事的业务与客户的工作有直接利害关系的情况下，你可以在客户工作时间拨打电话，这样可能会更有利于沟通。

在电话业务中，

应仔细针对每个客户的情况，

选择适当的时间拨打电话，

这样就会事半功倍。

要记住，电话不仅传递声音，

也传递你的情绪以及风度。

职场必修礼仪

第五章

　　在职场中，有一点很重要，那就是尊重每一位同事，包括你的上下级，尊重他人的隐私和习惯。正如我们自己不喜欢被"冒犯"一样，尊重别人，别人才会尊重你。懂得职场礼仪，会使你的职业形象大大提高，从而让你在职场中左右逢源。

做职业化员工，彰显个人魅力

在办公室里，经常能看到这些现象：有的人嘴巴很馋，好吃零食，经常在办公桌上"储备"一点儿食物，一有时间便"垫吧垫吧"；有的人是畅销小说的爱好者，每有一卷在握，便会极其投入，"感时花溅泪，恨别鸟惊心"，即使是上班时，也欲罢不能；有的人夜生活过得如火如荼，要么搓麻将，要么看电视，要么上夜店，玩得昏天黑地，待到上班了，"瞌睡虫"也随之而至，昏昏欲睡……吃东西、看小说和睡懒觉等这些习惯都是疏于自律、不懂得办公室礼仪的表现。优秀的员工应该是严于律己的人，遵守办公室礼仪是一个人职业化的表现。

以下是讲述如何运用办公室礼仪，从而让年轻人游刃于职场的法则：

（1）坐、站的姿势必须端正，不能表现出懒散的形象。

（2）外表要干净、整齐。

（3）做事态度要积极主动，始终给人以精力旺盛的印象。

（4）每天要摆出轻松、愉快的姿态。

（5）在办公室，不坐在桌子上吃东西、嚼口香糖。

（6）讲话时不要有紧张的表情，要镇定温和。

（7）求同事帮忙时要客气。

要维护好自己的职业形象

（8）遵守"己所不欲，勿施于人"的原则，用希望别人对你的方式来对待别人。

（9）经常使用"谢谢""请""对不起"等礼貌用语。

（10）对领导和长辈多使用"您"的称呼。

（11）保持自己的座位干净整洁，不弄乱别人的座位。

（12）经常整理自己的办公区域，顺手帮邻座收拾一下。

（13）工作时间不闲聊。

（14）不偷听别人谈话，不谈论别人的隐私。

（15）切忌捕风捉影，不传播小道消息。

（16）未经别人允许，不轻易使用别人的办公设施和文具。

（17）不私自拆开别人的信件、包裹等个人物品。

（18）不嘲笑他人。

（19）不在办公室大声喧哗，影响他人工作。

（20）工作时间慎打私人电话。

（21）尊敬上级领导和其他部门的领导。

（22）对同事和领导使用恰当得体的称呼。

（23）开会时把自己的手机关机或者调到静音状态。

在一个团队里，以懂礼、守礼的形象面对同事，不但可以突出自身品位与修养，增加个人魅力，获得好人缘，也是一个优秀的职业化人才不可缺少的基本职业素养。

礼仪点睛

办公室内的形象礼仪决定着一个人的人际关系，也关系着办公室的气氛。讲究办公室礼仪不仅能使你获得良好的人缘，营造和谐的工作氛围，还可以彰显你的个人魅力、品位和修养，使你赢得同事和上司的称赞。

尊重，
是与领导最好的相处之道

　　当你想起一个很好的方案时，一时高兴直接越过你的上司，走进了顶级领导的办公室，这时候不管你的方案做得多么优秀，即使得到了顶级领导的高度认可，你也输了一半，因为你的"越级"显示出你对上司的不尊重。

　　在工作中要想与上司和谐相处，除了要服从上司的工作安排外，关键问题还一定要请示你的上司，表现出足够的尊重。不越位的心理基础就是对上司的尊重。只有谦虚守礼，尽心尽力，才能得到领导的重用、关心和爱护，上下级关系才能做到良性互动，才能更为融洽和谐。

　　南齐的王僧虔楷书造诣极高，许多官宦人家都以悬挂他的墨宝为荣，一时之间，流传着一种说法：王僧虔楷书不输王羲之，乃当今天下第一！

　　当朝皇帝齐太祖萧道成素来爱好书法，对王僧虔的盛名一向很不以为然，于是下旨传王僧虔入宫"比试"。在大臣、随从的簇拥下，君臣二人屏息凝气，饱蘸浓墨，各自挥毫写下一幅楷书。搁笔之际，齐太祖头一扬，双目紧紧盯住王僧虔，问道："你说我们二人，谁第一，谁第二？"

　　王僧虔额头冒出了冷汗，齐太祖的书法虽有一定功力，但毕竟称不上炉火纯青。可是这位自负的皇帝又怎会甘心位居人后呢？昧着良心说谎，承认齐太祖技高一筹，固然不会得罪人，但这样的事他根本不屑去做。

王僧虔沉吟片刻，突然朗声长笑："臣心中已有分晓，臣的书法在大臣中排名第一；而皇上的书法，绝对是皇帝中的第一！"齐太祖闻听此话，先是一怔，继而很快理解了王僧虔的良苦用心，王僧虔为自己留足了面子，又不失气节。齐太祖不由得哈哈大笑，王僧虔也松了口气。

尊重能够增进你与上司之间的感情，化解矛盾冲突，赢得上司的好感，美化自己在其心目中的形象。出于对齐太祖的尊重，王僧虔才会在众目睽睽之下保全其"威风"，而不是傲慢地指出齐太祖不如自己。

一般而言，上司在方方面面都应比下属高出一筹，如工作经验丰富，有较强的组织、管理能力，看问题有全局观念等。但人无完人，上司一样会有缺点，会犯错误，这是无法避免的。当上司犯了一些错误时，有些下属就会觉得上司水平太低，于是开始表面服从，心里却不予尊重，甚至顶撞、抢白上司，时时处处表现出自己高出上司一筹。要知道，缺乏对上司最起码的尊重，会使自己与上司的关系严重恶化。何况，不尊重他人本身就是缺乏修养的表现，会导致同事关系不和谐，这样的人在团队中是不受欢迎的。

当然，尊重不是无原则地讨好、献媚。奉承有时会让上司滋生骄傲情绪，也会让整个团队弥漫着一股不正之风。当上司有这样或那样的不足时，要掌握分寸巧妙地提醒，善意地规劝。一个好的下属，对上司应该是敬而不谀的。

礼仪点睛

尊重能够增进你与上司之间的感情，化解矛盾冲突，赢得上司的好感，美化自己在其心目中的形象。

领导的"痛处"你莫揭

俗话说："打人莫打脸，揭人莫揭短。"这句话旨在告诉我们要学会保全他人的"面子"。现实生活中，很多人可以吃闷亏，也可以吃明亏，但就是不能吃"没有面子"的亏。如果你不顾别人的面子，总有一天会吃苦头。因此，二十几岁的年轻人一定不要在公开场合说别人，尤其是上司的坏话。

被击中痛处，对任何人来说，都不是件愉快的事。尤其是他人身上的缺陷，千万不能用侮辱性的语言加以攻击。据说，在龙的喉部以下约一尺的部位上有"逆鳞"，如果不小心触摸到这一部位，必定会将龙激怒。事实上，每个人身上都有自己的"逆鳞"，就是我们所说的"痛处"。

明太祖朱元璋出身寒微，做了皇帝后自然少不了有昔日的穷哥们儿到京城找他。这些人满以为朱元璋会念在老朋友的情分上给他们封个一官半职，谁知朱元璋最忌讳别人揭他的"老底"，以为那样会有损自己的威信，因此对这些"来访者"大都拒而不见。

有位朱元璋儿时的好友，千里迢迢从老家凤阳赶到南京，几经周折才算进了皇宫。一见面，这位老兄便当着文武百官大叫大嚷起来："朱老四，你当了皇帝可真威风呀！还认得我吗？当年咱俩一块儿光着屁股玩耍，你干了坏事总是让我替你挨打。记得有一次咱俩一块偷豆子吃，背着大人用破瓦罐煮。豆子还没煮熟你就先抢起来，结果把瓦罐打烂了，豆子撒了一地……你吃得太急，豆子卡在喉咙里还是我帮你弄出来的……"

这位老兄喋喋不休唠叨个没完，朱元璋却再也坐不住了，心想：居然当着文武百官的面揭我的短处，让我这个当皇帝的脸往哪儿搁。盛怒之下，朱元璋下令把这个穷哥们儿杀了。

在现代的文明社会中，虽然上司不可能像朱元璋那样对"冒犯"他的人进行人身迫害，但要想处理好与上司的关系，就千万不要伤害上司的尊严。

礼仪点睛

任何人都会犯错误，包括你的领导，也有说错话的时候。那么，当领导说错话的时候，最不应该做的是当众让领导丢面子或事后与同事谈论领导的错误，用嘲弄的口吻四散传播，并用贬损领导的话来表明自己的聪明和睿智。

别替领导做主

身处职场，千万不要在不该说话的时候说话，不该做主的时候做主。你必须知道，无论你帮领导管了多少事，也无论你的领导多糊涂，他毕竟还是你的领导，大事小事毕竟还得由领导来做主。

"糟了！糟了！"王经理放下电话，就叫了起来，"那家便宜的产品，根本不合规格，还是原来林老板的好。"接着，王经理狠狠捶了一下桌子，"可是，我怎么那么糊涂，竟写信把林老板臭骂一顿，还骂他是骗子，这下麻烦了！"

"是啊！"秘书张小姐转身站起来，"我那时候不是说嘛，要您先冷静冷静，再写信，可您不听啊！"

"还好我没有发那封信。"张小姐得意地接着说。

"没发？"

"是啊！我猜到您会后悔，所以压下了。"张小姐转过身，歪着头笑笑。

"压了三个礼拜？"

"对！您没想到吧？"

"我是没想到。可是，我叫你发，你怎么能压住？那么最近发往美国的那几封信，你也压了？"

"我没压，"张小姐脸上更得意了，"我知道什么该发，什么不该发……"

"你做主，还是我做主？"王经理霍地站起来，沉声问。

张小姐呆住了，眼眶一下湿了，两行泪水滚落，哭着说："我……我错了吗？"

"你做错了！"王经理斩钉截铁地说。

张小姐被记了一个小过，是偷偷记的，公司里没有人知道。

张小姐跑去总经理的办公室诉苦，希望调到总经理的部门。"不急，不急，"总经理笑笑，"我会处理的。"

隔了两天，总经理果然做了处理——张小姐接到一份解雇通知。

张小姐不但错了，而且错大了，她非但错在不懂人情，更错在不懂职场的规则。经理毕竟还是她的领导，公司事务毕竟还是经理做主。出了错，还是经理最先承担。

不要以为这是一件很小的事情，也不要以为自己的主张很正确，你就可以擅自做主。很多时候，即使你所决定的是一件很小的事情，即使你的主张真的很完美，但是话从你的嘴里说出来，最后的效果就会不一样。

礼仪点睛

在职场上，你必须时刻牢记这一条：上司永远是决策者和命令的下达者，无论你有多大的把握，无论你代替上司决定的事情有多细微，都不能忽略上司的意见。

把忠告和进谏变成提醒

美国第28任总统伍德罗·威尔逊，恃才傲物，对别人的意见根本瞧不起，要么不采纳，要么不理睬。许多人都觉得他是"一扇老橡木做的门"，任何新鲜的意见都会被毫无例外地拒之门外。

但有一次，威尔逊单独召见豪斯，豪斯看准机会，尽自己所能，清楚明了地陈述了一个政治改革方案。由于精心研究过，自认为切实可行，说得也理直气壮。然而，豪斯还是得到了和其他人相同的命运。威尔逊当即说："在我愿意听废话的时候，我会再次请你光临。"但是，数天之后的一次宴会上，豪斯很吃惊地听到，威尔逊总统正在把自己数天前的建议公开发表。这件事启发了豪斯：原来总统不愿意第三者在场的时候，才"接受"别人的意见，且私底下即使被说服了，还要装作不承认，这可能是一切伟大人物共同的特点吧，因为他们总认为自己比别人要高明许多。

通过这件事情，豪斯先生学到了把意见悄悄"移植"到总统的心中，如果总统对他的计划感兴趣，然后就会把他的计划作为总统自己的"天才构思"而公之于众，使总统觉得是他本人想出了这个好主意，这就是最好的进谏办法。

1914年春季，豪斯奉命赴法国做外交上的接洽。出发前，威尔逊表面上同意了豪斯的计划，但是态度极其谨慎，离正式批准还差得很远。豪斯到巴黎后不久，给总统寄回了同法国外长的谈话记录。在信中，豪斯把经总统谨慎同意的计划，说成是"总统的创见"，并热烈赞扬说，这是"天才，勇气，先见之明"。看了信，威尔逊总统毫不犹豫地正式批准了这个计划。计划的顺利实施，不仅给两国带来巨大的利益，而豪斯也为自己实际发挥的作用由衷地高兴，威尔逊也更加喜欢豪斯，对他更加倚重。豪斯也从来不表示某项计划是他想出来的。豪斯曾说："我不愿意说那些计划是我的创造，我的计划充其量只是一粒种子，它要长成参天大树必须有空气、土壤、水分和阳光，而总统就是这些条件。公平地说，把种子变成大树的是总统，我只不过把种子种在总统心中。"

整个威尔逊执政期间，豪斯这种简单而有效的"种子移植"的策略对威尔逊的影响，比当时所有政治家加在一起的影响都大。有人开玩笑说："豪斯发明了'思想试管婴儿'，威尔逊则是这次伟大试验的母体。"

对大多数人而言被人比下去总是件不舒服的事，而超越主宰自己命运的人不是愚蠢就是自找倒霉。那些自认为优人一等的人往往令人嫌弃，尤其易于招来上司的嫉恨。财富、性情和气质等被人超越，许多人并不太在意，但是没有人愿意在智力上被人超越，上级更不愿如此。记住：领导者总希望自己在最重要的事情上能高人一筹。

礼仪点睛

我们每个人都有面子，尤其是领导者。他们更注重自己的面子，因为他们还管理着其他下属。所以，细心的员工，要懂得从领导的角度想问题，懂得不随便给领导提意见，而是用委婉的口气，向他提出建议。

多请教，给他人留下好印象

　　小李和小陆是同一所名牌大学的毕业生，他们的成绩都很优秀。两个人被分配到同一家单位。一年以后，小陆被提升为部门主管，小李则被调到公司下属的一家机构，职位没有实权，地位明升暗降。同在一家单位，为什么会有这样的差别呢？

　　原来，他们被分配到该单位后，领导各交给他们一件工作，并交代他们可以全权处理。

　　小李接到任务后，做了精心的准备，方案也设计得十分到位。他一心投入工作，全然不记得要向领导请示一下。领导是开明的，既然说过让他全权处理，自然也不干涉，但也没有和下面人交代什么。等到小李把自己的计划付之于实践时，各部门人员见他是新来的，免不了有些怠慢，小李心直口快，与一个人顶了起来，这可惹了麻烦，因为这人正是公司总经理的亲信。后果可想而知，他的工作处处受阻，最后计划中途"流产"。

　　而小陆接到任务后，经过周密分析调查，提出了若干方案给领导看，又向领导逐条分析利弊，最后向领导请教用哪个方案。这时，领导对他的分析已经信服了，当然采取了他所推荐的那个方案。这时他又问领导如何具体实施。领导说："你自己放手干吧，年轻人比我们有干劲。"小陆连

遇事多谦虚请教，给他人留下好印象

忙说，自己刚来，一切都不熟悉，还得多听领导的意见。因为小陆的态度谦恭，意见又到位，领导很满意，当即给几个部门的主管打电话，让他们大力协助小陆的工作。因为有了领导的交代，加上小陆在实施自己的方案时又时时注意与各部门人员的协调，所以他的工作完成得又快又好。

造成小李和小陆两种不同待遇的原因就是：小陆注重和领导与同事的沟通，即使这件事他已经成竹在胸，但他还是去征询了领导的意见，很虚心地请求领导的帮助，给领导留下了很好的印象，也利于他的工作的开展。而小李却忽略了这一点。

当然，即使是领导，也可能在某方面的能力并不如你，但是作为领导，他定然有自身的长处，多向他请教不但能提高自己的能力，有助于做好工作，还能给领导留下良好的印象。一举两得，何乐而不为呢？

礼仪点睛

一般人都爱犯一个毛病，就是自以为最了解自己。事实上，我们对自己的所知极为有限。要想更好地了解自己，在工作中少走弯路，那就要多向别人，尤其是领导请教。

时机不宜，懂得设法回避

当罗斯福继麦金莱就任美国总统之后，他的老友菲莱邱到华府拜谒他。而后菲莱邱自述他到总统的府邸谒见罗斯福的情形："我那位老友站着向我微笑，把手搭在我肩上，说：'你需要什么？'当他问我此话时，哈哈大笑起来。但是，我觉得他这一笑是为了掩饰一些厌恶。或许我不是唯一急于加入政治生涯的人，因此，我也笑着表示，我并不需要什么。而他显然就此宽心多了，说道：'怎么可能！你是这些人中唯一的人才，其他人不是做官升职，就是入了监狱。'当时我认为，我到此拜谒已令他十分高兴了。虽然我知道我时刻都可获得一个好差事，但是，我认为假如我能无求于他就告辞了，那么，我与罗斯福的交情将会更进一层。所以，我就此告退了，带着一本西班牙文的自修字典，回到家中开始准备外交的职务。

大约于一年之后，我从报纸上看到一则要派遣一位美国的第一公使前往哈瓦那的公告。这是一个非常有利的机会，我一向对古巴颇为熟悉，而且我一直在研读西班牙文，我认为我早已非常熟悉那个地方了，其余的事情就更容易，我只须再到华府，把我的衷心希望及以往的研究告诉罗斯福即可。果然我的目的达到了。"

　　这就是菲莱邱之所以能出任古巴公使，继而得以展开他历久且光辉的外交事业之故。也是他用以毛遂自荐的另一种方式。当初，他感到罗斯福的心中隐约藏有一点儿莫名的反感，于是，立即伺机引退，以等待另一个时机。这就是他于日后自我推荐得以成功的妙策。而他只带着一本西班牙文的字典回去自修，准备外交上的事务，也就是他顺利地担任古巴公使的基础。

　　由于时机不宜，领导表现出抗拒、反感之意，这类的障碍是时有之事。然而，遇有此种障碍之时，有远见的下属必定立即设法回避。

　　菲莱邱说："我不愿意做别人也想做的事情，但是，我常参照别人的方法去完成我想做的事情。"这句话正是对所谓的"让步"诀窍最好的诠释了。

　　想要取得领导的认同和支持，最好的方法，就要懂得如何站在领导的立场，为领导着想。自己所坚持或争取的事情，如果也保障领导的权益，当然就容易取得领导的认同。

礼仪点睛

　　在这个世界上，任何一件事情都是相辅才能相成的，所以就要思考，如果换作自己，在什么样的情况下，自己才会被认同？懂得退让一步，获得领导的支持，一切事情才有可能在良性循环的轨道上顺利进行。

危急时，别忘帮同事一把

在工作中，一个人肯定会遇到各种各样的困难，在同事遇到困难时帮同事一把，不仅播下人情，得到同事的感激，还能为彼此的关系抹上蜂蜜，使彼此的关系融洽而甜美。况且，帮助别人搬开脚下的绊脚石，有时恰恰也是在为自己铺路——帮助同事即是帮助自己。

在帮助别人时，任何一种努力都不会白费。帮助同事，既赢得了同事的尊重，也容易得到老板的器重，因为你在帮助同事的同时也向老板展示了你的能力。

在同事有困难的时候伸出援助之手，是我们分内的事情，切不可以此作为人情记在心头，更不要沾沾自喜，时常将对别人的帮助挂在嘴边。这样的人，别人也不愿意接受他的帮助。

晓庄在一家单位的计算机房工作，对计算机比较精通。开始的时候，其他科室的同事家里的计算机出了毛病后喜欢找他帮忙。

晓庄经常对那些他曾帮助过的人说："某某某，你还不请我吃一顿，你少花了好几十块钱呢！"有时没有饭局就直接到别人家里，弄得别人特别反感。

渐渐地，很少有人请他去帮忙了。

同事间的相互帮助并不一定表现在工作上，有时生活中的小事更能给人以极深刻的印象。

玛丽是一个单身女子，住在纽约的一个闹市中。有一次，玛丽搬一个大箱子回家。电梯坏了，玛丽只好自己扛着箱子上八层楼。约翰与玛丽是同事，但玛丽平时看不起约翰，有时还对他冷嘲热讽。

因为约翰平时没事总是不在办公室，工作很差，有时还会弄巧成拙。此时，恰巧碰上约翰，约翰想帮玛丽把箱子搬上楼去。玛丽很难为情，约翰却主动上前，将箱子搬上楼去。事后，玛丽对约翰表示感谢，并开始重新认识他。

热心帮助同事，可以赢得同事的感激。你的热心会使同事也乐于帮助你，更能为你营造一个融洽的办公环境。

礼仪点睛

不论是朋友之间，还是同事之间，抑或是上司与下属之间，都可以和谐相处，只要你乐于助人，尤其是在他们需要帮助时，你热情地给予帮助，人家自然乐于与你共事，与你做朋友。

不要到处散布谣言

　　有这样一些人，他们喜欢到处散布流言蜚语，每天不是东家长就是西家短，没完没了，让人厌烦。一些原本平淡无奇的事经过他们的传播也会极富"色彩"，这样的人唯恐天下不乱，作为一个年轻人，千万不要与这些人为伍，不要随意散布流言蜚语，即使有人跟你说，也要做到左耳听右耳出，不要受到这些事情的干扰。

　　流言蜚语会对人们的工作、生活产生不良影响。有一位赵小姐就遇到过这样的痛苦经历，下面我们来听听她的讲述：

　　我为人善良，但很要强。我既想在事业上有所作为，又不想让他人说三道四。说来有些惭愧，高考落榜后，我进了一家工厂。一进厂，厂里就组织我们一同来的40个女同事进行培训。

　　四个月以后，只有我一人分到科室工作，其他全下车间。我很高兴，在科室工作许多事要从头学起，我虚心向老同志请教，勤奋学习，细心观察别人对问题的处理方法，现在能很好地胜任自己的工作。我不笨，办事也有一定的能力。

　　就在工作取得一定成绩的时候，听到别人议论我，说我是靠不正当手段进科室的，说我与上司的关系不一般等闲话。我的上司有能力，但名声的确不好，而且经常开过头的玩笑。我对他也很看不惯，但毕竟是上司，又能怎么样？

可是有些同事总是背后议论我的品行，他们这些无中生有的议论，实在影响我的情绪，让我心理压力很大。我没有使用任何手段使自己分到科室工作，我自认为是凭自己的本事得到这一份工作的。可是"人言可畏"啊！自从听到传言之后，我感到孤独、烦恼，工作积极性也不高了，精力很难集中起来，我该怎么办呢？

上例中的赵小姐就是一位典型的被流言蜚语所伤的受害者，男女关系是爱好散布流言蜚语的人最喜欢传播的消息之一。

作为公司中的一员，时刻与同事相处，对于同事的品质应该有所了解。切不可把鸡毛当令箭，把流言蜚语当作真事来传。

如果自己不能时刻觉察到自己有这个毛病，那么，请同事来提醒你，纠正它。加入传闲话的行列实在是极愚蠢的行为，害人又害己。

所以，当有同事在你面前说别人的坏话、散播别人的谣言时，不要随声附和。你要想：他可以对你说别人的坏话，也完全可以在别人面前说你的坏话，如果你附和了他的话，也许他就会把你的话添油加醋地说给别人听，破坏你与别人的关系。总之，对待这种人是离得越远越好。

礼仪点睛

"流言止于智者"。对别人如此，对自己也该这样。如果自己被传流言蜚语，被误解、诬陷的时候，不必过度紧张，也不用急着辩白。被别人背后议论无人可以例外，你需要做的是保持心平气和。

心平气和地与同事沟通工作

　　人与人交往需要沟通。在工作中，无论是员工与员工、员工与上司、还是员工与客户，都需要沟通。良好的沟通能力是工作中不可缺少的，有效的沟通能保障与同事、老板之间的信息畅通，有效的沟通能促进工作效率的提升。一名优秀的员工绝不会是一个性格孤僻、拙于沟通的人，而应当是一个善于与人进行良好沟通的人。

　　在一个团队中，沟通应当遵循简单的原则，人与人之间的沟通应直截了当，心里想到什么说什么，不要把简单的问题复杂化，这样会减少沟通的成本。言不由衷，会浪费了大家的宝贵时间；瞻前顾后，生怕说错话，会变成谨小慎微的"懦夫"；更糟糕的是还有些人，当面不说，背后乱讲，这样对他人和自己都毫无益处，最后只能是破坏了集体的团结。正确的方式是提供有建设性的正面意见，在开始讨论问题时，任何人先不要拒人千里之外，大家把想法都摆在桌面上，充分体现每个人的观点，这样才会有一个容纳大部分人意见的结论。因此，对一名团队成员来说，沟通能力是一种至关重要的能力。

　　沟通对于整个团队工作效能的提升十分重要。如果员工之间处于一种无序和不协调的状态，互相推诿责任，这样的内耗既损耗了别人的时间，也消耗了自己的精力。在这种团队中，不可能出现高效能员工。我们要实现合作关系，就必须杜绝上述想法或行为出现，争取在不损害自己利益的基础上充分保证别人的利益。

因此，在工作中，我们应该努力做到以下几点：

1. 谈论别人感兴趣的话题

一个优秀的员工应当具备出色的沟通能力，为此，他必须是一个"话题高手"，善于谈论他人感兴趣的话题。所以，如果我们想在沟通中更好地影响他人，就应当养成谈论他人感兴趣的话题的好习惯。

2. 80%的时间倾听，20%的时间说话

一般人在倾听时常常会出现以下情况：

（1）很容易打断对方讲话。

（2）发出认同对方的"嗯……"、"是……"之类的声音。

较佳的倾听却是完全没有声音，而且不打断对方讲话，两眼注视对方，等到对方停止发言时，再发表自己的意见。更加理想的情况是让对方不断发言，愈保持倾听，你就越容易掌握控制权。

在20%的说话时间中，提问的时间又占了80%。提问越简单越好，是非型问题是最好的。说话应以自在的态度和缓和的语调，这样一般人更容易接受。

3. 善于运用沟通三大要素

人与人面对面沟通的三大要素是文字、声音以及肢体动作。行为科学家经过60年的研究发现，面对面沟通时三大要素影响力的比率是文字7%、声音38%、肢体语言55%。

因此，在与人沟通时，一定要注意自己的身体语言——姿态、语气、语调、面部表情、说话方式等。一个沟通高手懂得如何进入别人的世界，使别人喜欢自己，从而博得别人信任。

高效的沟通能力是成功人士和优秀的员工必不可少的职场技能。当今社会是一个依靠团队共同协作赢得成功的时代，因此沟通就显得尤为重要。

在国内外那些知名企业里，在优秀的团队中，积极做好同事协调沟通工作的，必定是那些最优秀的员工。可见，能否有效沟通已经成为衡量一个员工是否优秀的标准。

礼仪点晴

沟通不是工作的开始，也不是工作的结束，它是贯穿于所有工作当中、持续不断的过程。作为一名员工，要有意识地、积极地与身边的同事们做好协调沟通工作，以使整个部门、整个公司的业务能够顺利展开，以促进企业的发展。

热心勿过度，先探清虚与实

你的同事小王，是个很优秀的北区主管，在公司业绩领先。但他最近有点消沉。下班以后，在办公室，他过来找你聊天。

小王说："我用了整整一周的时间做这个客户，但客户的销量还是不高。"这时你怎么理解这句话？怎样来回应呢？你是建议他怎么做吗？你是点头倾听吗？你是和他一起抱怨销售政策吗？

其实这句话蕴含了很多种不同的感情成分，有抱怨、无奈、征求建议、希望指导等。能听懂这句话表面的意思是"初级水平"，关键是听懂他这句话背后可能隐藏的内容，了解他的想法和内心。

如果用不同的方式来说这句话，那么它所表达的意思就不尽相同，比如：

小王说："嗨，我用了整整一周的时间，做这个客户，也不知道怎么搞的，销量还是不高。"这样的说法，对方可能表达的是无奈，小王不知道怎样来做这个客户，他已经没有办法了。

小王说："看来是麻烦了，我用了整整一周的时间，做这个客户，客户的销量还是不高。"这样的说法，可能小王是想切换这个客户了，没准他心中已经有候选客户了。

小王说："说来也奇怪，我用了一周的时间做这个客户，销量还是不高。"这样的说法，可能小王想从你这里得到建议，希望和你探讨一下，怎样做这个客户。

也就是说，对方表达的"信息"是同样的，但是因为表达的语气不同，所以带给你的感受是不一样的。在实际工作中，面对这种情况，我们给对方回应最多的是"给出建议"。当对方仅仅是向你表达他对工作的抱怨、不满情绪时，你给出了指导的建议。这时他可能会想："就你厉害，就你能干，难道我不知道怎么做业务吗？你又不是销售经理，上个月你的销售额，还没我的高呢，凭什么指导我？"

但是对方不会和你说他此时的感受，表面上他会附和你的说法，但其中有很多的不耐烦，最后的结果是你好心帮他，可是还落下了坏的印象——好为人师。这样是很不值得的。

所以，当同事跟你诉说他们自己的"烦恼"时，一定要弄清楚他们的真实目的，然后再决定是给他们提供建议，还是只需要倾听。

礼仪点睛

在交际中，只有懂得倾听的人才会获得朋友。不仅仅是因为你倾听了对方的的烦恼，还因为倾听的人才能够在听的过程中摸清对方说话的大意，从而懂得对方的真正意图。

商务应酬礼仪

第六章

　　商务应酬礼仪是在商务活动中体现相互尊重的行为准则，它包括了语言、表情、行为、习惯等方面。没有人愿意在社交场合中，因失礼而成为众人"关注"的焦点，给人们留下不良的印象。因此，在交际中掌握商务应酬礼仪是非常必要的，这不仅是时代要求，更是体现良好素质、树立良好形象、提升竞争力的现实所需。

以茶待客，活跃气氛

中国有句老话："茶是话博士。"这是说以茶待客可以活跃交际气氛，增加宾主交谈的兴致。

在中国的商务应酬中，接待客户时，沏茶、上茶是一种必不可少的待客礼节。若是缺少这一礼节，或在奉茶的某些细节上掉以轻心，就是对来宾失之于恭敬，这往往会让来宾感觉到不受尊重，让本来就微妙的商务关系陷入尴尬的局面。

李美所在的公司是中国香港一家实力雄厚的外企，这家公司看准了内地潜在的巨大商机，想要在内地开拓新的市场。公司在内地寻求代理商的消息一出，许多商贸企业纷纷来电来函接洽，公司经过多方考核，最终确定了为数不多的几个名额，派出李美作为洽谈代表，前往内地对几个商贸企业进行实地考核，以确定最终合作伙伴。

方庆在深圳的公司就是入选的其中之一。为了迎接李美的到来，方庆事先列出了详细的接待流程单，一一做了十分周全的安排，尽全力赢得这个合作的机会。

很快，李美来到方庆的公司进行实地考察，她对方庆的公司的专业性和强大的市场拓展能力极为满意。随后，在方庆的引领下，李美来到方庆的办公室对合作协议进行进一步的会谈。事情进行得这么顺利，方庆高兴得满脸红光。一进办公室，方庆就张罗着为李美沏茶。他从柜子里取出一个透明的玻璃罐子，一边用手从里面抓茶叶放到茶杯里，一边对李美说："这是我朋友送我的上好碧螺春，你可一定得尝尝。"看到这一幕，李美心里很不是滋味，对方庆的评价一下子从90分跌到了50分，冷却了合作的热情。

在接下来的谈话中，李美一改先前热切的口吻，对方庆提出的市场拓展方案中的许多弊端都缄口不言，一味顾左右而言他。最终，方庆的公司被淘汰出局。

方庆怎么也想不到，让他错失这个良机的居然只是一个小小的奉茶细节。面对李美，他不注重奉茶之道，让李美心生恶感，于是渐渐关上了合作的大门。

商务应酬中，人们很容易忽略奉茶中的一些小细节，从而扼杀了合作的良机。在为客户奉茶的时候，只有注意这些小细节，才能引出客户商谈的欲望，让"话博士"顺利开口。

1. 多备几种茶

对于茶，不同的客户有不同的喜好，有人喜欢绿茶，有人喜欢红茶，有人喜欢花茶……要想让客户满意，不妨绿茶、红茶、花茶、乌龙茶等各类常见茶叶都备上一点儿，因人而异，奉上合其口味的茶。

2. 茶具要专业

现在许多人为了方便，常常用一次性纸杯沏茶。生活之中这无可厚非，然而在商务应酬场上，这会显出你对客户的极端不尊重，也让客户自此轻视你。为客户奉茶，最好备有专业的茶具，才能更好地发挥茶的香味，营造商谈的和谐氛围。

以茶待客，既是尊客之道，又能活跃气氛

真不能喝酒了，已经喝多了……

张总，这里有上等红茶和绿茶，您喜欢哪种，我给您泡一壶，咱随便聊聊。

刘总为人真实在，不劝酒还给我倒茶，这个朋友交定了。

绿茶吧，刘总，真是麻烦你了，我们的合作一定会继续下去。

哈哈，当然！

3. 茶水要清淡

茶水要清淡，除非客户主动提出浓茶要求。一般认为，饮茶不宜过浓，否则极有可能使饮用者"醉茶"（因摄入过量的茶碱而令人神经过度兴奋，血液循环加速，呼吸急促，甚至惊厥、抽搐）。

4. 左后侧奉茶

奉茶多是在主宾交谈之时，这时为了不打扰客户商谈的情绪，尽量从客户的左后侧奉茶，条件不允许时也可从右后侧奉茶，切不可从其正前方奉茶。

5. 上茶不过三杯

中国人待客有"上茶不过三杯"这一说法，第一杯叫做敬客茶，第二杯叫做续水杯，第三杯则叫做送客茶。如若一再劝人用茶，却又无话可讲，则有提醒来宾"打道回府"的意味。

注重奉茶的细节，才能给客户留下一个好印象，才能营造一种和客户商谈的融洽气氛，顺利推进自己的商业计划。

礼仪点睛

别人给你奉茶，在品茶中，有"叩指礼"一说，也叫"屈指代跪"，就是把右手食指、中指并拢，自然弯曲，以两手指轻轻敲击桌面，表示感谢。另外，要特别注意的是，放茶壶的时候，千万不要把壶嘴对着客人，否则有催促对方"你走吧"的意思。

合理安排座次，
会让人如沐春风

在商务接待这类的应酬活动之中，"坐"是一个看似不起眼儿，却有时起着举足轻重作用的举动。"坐"不对位置，就可能引起客户的反感，从而搞砸和客户的关系，生意自然无法谈成。

马力是香港某贸易公司的商务代表，应广州一家厂家的邀请，前来广州谈生意。广州的厂家安排新上任的销售部主任楚文代表公司负责接待工作。在机场见面的时候，两个人做了简单的介绍，马力对于这个合作伙伴还是很满意的。接下来，他们准备乘车前往广州的厂家进一步商谈。为了表示对这次商谈的重视，广州厂家特意安排了一辆宝马车前来接待马力，马力看到了厂家的诚意，对这次商谈更加充满期待。

然而，马力的这种愉快的感觉很快就被泼了一盆冷水，因为楚文为他拉开了宝马车后座左侧的车门，示意他坐进去。这让马力很是不高兴，他没说一句话，转身就离开了。本来已经培养好的第一印象，在一瞬间土崩瓦解。

这是为什么呢？

　　故事中的楚文，没有弄清楚座次的安排之道，不知道"以右为尊"的乘车礼仪，示意马力坐在左侧，那么他无疑就坐在右侧，这就造成了主客座次颠倒，他的无心却让马力感到了一种不尊重，感受不到楚文一方的诚意，没有诚意的生意还怎么谈得下去呢？所以马力才会愤愤地离开了。

　　在商务活动中，尤其是前去迎接远道而来的客户时，不可避免地要与客户一起乘车。这时，谨遵乘车的座次安排，才能延续客户对你的好印象，增进彼此的好感，从而促进商谈顺利进行。

　　当与客户一起乘车时，如果乘坐的是前后两排四个座位的轿车，一般司机侧后靠门的座位是上座，是主宾的位置。司机正后面的次之，是主要陪同人员的座位。司机旁边的位置是最低级的座位，一般是由秘书、向导或警卫人员来坐。上车时，应请客户从右侧门上车。陪同者要从左侧门上车，避免从客户座前穿过。如果客户先上车，坐到了陪同人员的位置上，也没有必要请客户挪动位置。车门应由位低者关上。下车时由位低者先下车，打开车门等候其他人下车。

　　乘坐飞机或火车时，靠窗的位置是上座，向着前进的方向则更好。如果火车是四人对座，向着前进方向靠窗的是第一位，对面的是第二位，第一位的旁边是第三位，第三位对面的是第四位。

　　在生活中，座位的分配也许不过是一件小事，然而在商务应酬中，常常是细节决定成败，座次的安排显得尤为重要，如果稍微不注意，就有可能给自己带来麻烦，造成不必要的利益损失。所以，在商务活动中，一定要谨慎安排座次，不要一不小心，为客户拉开了"左侧的车门"，导致生意失败。

礼仪点睛

　　与女性客户一起乘车时，不论她的职务高低，一律先让女性上车，男性坐在她的左边。如果是接待人员亲自驾车，客户则要坐在"司机"旁边的位置上，以表示对主人的尊重。

送人的礼品要精心包装

为了表示对经理大力帮助的感谢，曹先生打算买块名表，在经理寿宴的时候送给经理。于是就对名表店的服务员说："不用包装了，包装了就显不出我的心意了。"

在经理的寿宴上，当曹先生当众拿出名表送给经理时，经理却说："太客气了，你来就是给我面子，这么贵重的礼物我可受不起，你还是收回去吧。"在接下来的整个宴会中，经理都没再搭理曹先生，这让曹先生郁闷不已。

第二天，一位与曹先生要好的同事对曹先生说："你当着众人的面，裸送名表，经理自然不会收，收了岂不成了受贿？经理还以为你别有企图呢！"

包装是用来盛装礼品的，它作为礼品不可缺少的外在形式，已逐渐成为礼品的重要组成部分，包装能起到美化礼品、增加礼品价值的作用。包装是形式，礼品是内容，二者统一起来，才会产生和谐美。就这方面而言，包装与礼品是一体的。

包装和礼品一样重要，在送礼品时，如果将礼品略加修饰，就会令平

送人礼品，精心包装更能体现一种尊重

淡无奇的礼品顿时精致起来。而且，精心的包装能使对方感觉到他（她）在你心目中的重要地位，从而更能打动对方的心。

除此之外，精美的包装还可以增加礼品的价值。同样的礼品，包装精美与否，往往影响着礼品的价值。因为包装是一种物化了的社会劳动，而且这种劳动同样精细、复杂，因此，必然会增加礼品价值。

礼品包装设计要美观大方，简洁流畅，不必过于繁琐。成功的包装能使礼品增色不少。像珠宝首饰，精美的工艺品等，包装精美、华贵，富于艺术价值，能有效地突出商品的特点，往往给受礼者甚至送礼者以精神上的满足。

礼品的包装也是对礼品本身的保护，选择的礼品如果是易破碎物品，如玻璃器皿、陶瓷等，适当的包装可以避免礼品磕碰、磨损。包装还可以使礼品不易变质，如选用复合铝袋包装，可使茶叶的维生素保持一年以上。

因此，在送礼品前，我们除了要精心挑选礼品外，还要选择合适的包装，千万不能将礼品"裸"着送给他人。

礼仪点睛

色彩作为包装的一部分，也就成为馈赠符号的一部分。一般来说，冷色表示沉着镇定，暖色表示温馨舒畅，大花表示热情奔放，小花表示温情脉脉。从馈赠礼品包装的外观色彩，就能判断礼品是轻快型还是肃穆型，是喜庆型还是沉重型。

多些倾听，少些高谈阔论

乔·吉拉德被誉为当今世界最伟大的推销员，回忆往事时，他常念叨一个令他终身难忘的事。

在一次推销中，乔·吉拉德与客户洽谈很顺利，眼看就要签约成交时，对方却突然变了卦。

当天晚上，按照顾客留下的地址，乔·吉拉德找上门去求教。客户见他满脸真诚，就实话实说："你的失败是由于你没有自始至终听我讲的话。就在我准备签约前，我提到我的独生子即将上大学，而且还提到他的运动成绩和他将来的抱负。我是以他为荣的，但是你当时却没有任何反应，而且还转过头去用手机和别人讲话，我一恼就改变主意了！"

西方有这样一句谚语："上帝给我们两只耳朵，却只给了一张嘴巴，就是要我们少说多听。"倾听他人说话是对他人的尊重，同时更能抓住对方话中的有用信息。切莫随意打断他人的谈话，以免断章取义。年轻人在参加宴会时更要学会倾听，因为这是一个增加彼此关系的机会，所以，在宴会上你该用20%的时间说话，80%的时间倾听，这样你将获得更多对你有用的信息，从而知道谁对你更有帮助。

在宴会交往中，每个人都希望别人能听自己说话，这是人的一种心理需求。如果一个人在交际中总是以自己为中心，滔滔不绝地谈论自己，就容易让人感到乏味和厌倦。所以，常有人说："与人交谈，犹如弹弦一般，当别人感到乏味时，便要把弦按住，使它停止振动、发声。"当你忍不住要夸夸其谈的时候，请多想想它可能导致的恶果吧！

人往往会对那些对自己感兴趣的人产生兴趣，如果你能不厌其烦地听别人倾诉，这在别人看来是对他们极大的尊重。所以，人们更愿意和那些尊重自己的人打交道。那些习惯于倾听的人无疑在哪里都会受人们的欢迎。相反，那些只知道谈论自己的人会让人觉得他们只在乎自己的感受而不在乎别人的感受，所以，人们与之交往过一次之后，就不会有继续交往的欲望。

所以，在宴会中，我们与人交往的时候要多一些倾听，少发表一些自己的见解，更无须对谈话人"高谈阔论"，因为很多时候人需要的不是意见，而是有人能听他说话而已。

学会倾听，是消除交往障碍的一个有效方法。当你走出自己的小天地，试着站在别人的立场上，做一个好的听众时，你就能够成为一个广受欢迎的交际高手，为自己赢得更多的朋友。因此，从下一场宴会开始，努力"倾听"你的未来吧！

礼仪点睛

用心去听并不是一言不发，恰当的时候，应该以适当的语言来激发说话者继续讲下去。否则只听不说，对方会以为他所说的话你并不感兴趣，所以才毫无反应。

与客户谈话须用心

当你购买某一产品的时候，你最怕什么？质量不好？不安全？不适合自己？花冤枉钱？……是啊，几乎所有的消费者在面对不熟悉的产品时，都会有这些担心和害怕。那怎么做才能让他们安心购买呢？用心与客户沟通。

心理学研究发现，人们总是对未知的人、事、物产生自然的疑虑和不安，因为缺乏安全感。在销售的过程中这个问题尤为明显。一般情况下，客户对销售员大多存有一种不信任的心理，他们认定销售员所提供的各类商品信息，都或多或少包含一些虚假的成分，甚至会存在欺诈的行为。

因此，在销售过程中，如何迅速有效地消除顾客的顾虑心理，就成为销售员最重要的能力之一。如果不能从根本上消除客户的顾虑心理，交易就很难成功。

准客户："你们的售后服务怎么样？"

销售员："先生，我很理解您对售后服务的关心，毕竟这可不是一个小问题，那么，您所指的售后服务是哪些方面呢？"

准客户："是这样，我以前买的那辆汽车刚开始感觉还不错，但开了一段时间后就开始漏油，后来到厂家去修，修好后过了一个月又漏油。再去修的时候，对方说要收5000元修理费，我跟他们理论，但他们还是不愿意承担这部分费用，没办法，我只好自认倒霉。不知道你们在这方面怎么做的？"

销售员："先生，您真的很坦诚，除了关心这些还有其他方面吗？"

准客户："没有了，主要就是这个。"

销售员："那好，先生，我很理解您对这方面的关心，确实也有客户关心过同样的问题。我们公司的产品采用的是欧洲最新AAA级标准的加强型油路设计，这种设计具有很好的密封性，即使在正负温差50度，或者润滑系统失灵20小时的情况下也不会出现油路损坏的情况，所以漏油的概率很低。当然，任何事情都有万一，如果真的出现了漏油的情况，您也不用担心。我们的售后服务承诺是从您购买之日起一年之内免费保修，同时提供24小时之内的主动上门服务。您觉得怎么样？"

准客户："那好，我放心了。"

最后，客户买了中意的汽车。

从某种意义上来说，消除疑虑正是帮助客户恢复购买信心的过程。因为在决定是否购买的一刻，买方信心动摇、开始后悔是常见的现象。这时候客户对自己的看法及判断失去信心，销售员必须及时以行动、态度和语言帮助客户消除疑虑，加强客户的信心。要注意的是，在加强客户的信心时一定要说话得体。

礼仪点睛

与客户谈话时，首先要有礼貌。因为你要想使客户在短时间里认同你，就必须要先尊重客户，为客户着想。其次就是要有真诚的态度，这样不仅不会让客户反感你和排斥你，还会提升你在客户心目中的形象，增加你的亲和力。

商务拜访，让客户多说话

商业社会离不开销售，销售有五大步骤：事前准备、接近、需求探寻、产品介绍与展示、缔结业务关系。所有这一切无不是建立在拜访的基础上。因此，作为一名职业营销人，建立自己职业化的拜访之道，并成功地运用，是突破自己、提升销售业绩的重要砝码。

在商务拜访中，一定要让客户多说话。营销人自己的角色只是一名"学生"和"听众"，客户出任的角色是一名"导师"和"讲演者"。

拜访流程如下：

1. 打招呼

在客户未开口之前，以亲切的声调向客户打招呼问候，如"王经理，早上好！"等。

2. 自我介绍

说明公司名称及自己姓名并将名片双手递上，在与客户交换名片后，对客户抽时间接见自己表达谢意，如"这是我的名片，谢谢您能抽出时间让我见到您！"等。

3. 营造气氛

营造一个好的气氛，以拉近彼此之间的距离，缓和客户对陌生人来访的紧张情绪，如"王经理，我是您部门的张××介绍来的，听他说，您是一个很随和的领导！"等。

4. 开场白

提出议程，陈述议程对客户的价值，时间约定，询问是否接受。如"王经理，今天我是专门来向您了解贵公司对××产品的一些需求情况的，通过了解这些信息，我可以为贵公司提供更方便的服务。我们这次谈话的时间大约只需要十分钟，您看可以吗？"等这种话就很得体。

5. 巧妙运用询问术，让客户说话

（1）设计好问题漏斗

通过询问客户来达到探寻客户需求的真正目的，这是营销人员最基本的销售技巧。在询问客户时，问题面要采用由宽到窄的方式逐渐进行深度探寻。如"王经理，您能不能介绍一下贵公司今年总体的商品销售趋势和情况？"、"贵公司在哪些方面有重点需求？"、"贵公司对某产品的需求情况，您能介绍一下吗？"等类似问话。

（2）运用扩大询问法和限定询问法

采用扩大询问法，可以让客户自由发挥，让客户多说，让我们知道更多的东西；而采用限定询问法，则让客户始终不远离会谈的主题，限定客户回答问题的方向。如"王经理，贵公司的产品需求计划是如何报审的呢？"，这就是一个扩大式的询问法；而"王经理，像我们提交的一些供货计划，是需要通过您的审批后才能在下面的部门去落实吗？"，这是一个典型的限定询问法。营销人员千万不要采用封闭话题式的询问法，来代替客户作答，以造成对话的中止，如不要问"王经理，贵公司每个月销售产品大概是六万元，对吧？"这种问题。

（3）对客户谈到的要点进行总结并确认

根据会谈过程中记下的重点，对客户所谈到的内容进行简单总结，确保清楚、完整，并得到客户同意。如"王经理，今天我跟您约定的时间已经到了，很高兴从您这里听到了这么多宝贵的信息，真的很感谢您！您今天所谈到的内容一是关于……二是关于……是这些，对吗？"，这样确认是非常有必要的。

6. 结束拜访时

在结束初次拜访时，营销人员应该再次确认一下本次来访的主要目的是否达到，然后向客户叙述下次拜访的目的，约定下次拜访的时间。如"王经理，今天很感谢您用这么长的时间给我提供了这么多宝贵的信息，根据您今天所谈到的内容，我将回去好好地做一个供货计划方案，然后再来向您汇报。我下周二上午将方案带过来让您审阅，您看可以吗？"，这么说会让对方觉得你办事很有条理。

礼仪点睛

拜访客户要选择一个对方方便的时间。一般可在假日的下午或平时晚饭后，要避免在吃饭和休息的时间登门造访。拜访前，应尽可能事先告知，约定一个时间，以免扑空或打乱对方的日程安排。约定时间后，不能轻易失约或迟到。如因特殊情况不能前去，一定要告知对方，并表示歉意。

商务舞会，礼节是门必修课

舞会是上流社会交际的一种常见方式，也是商务社交中不可缺少的一部分。那么我们应该如何更好地利用这个机会，使自己更受欢迎呢？方法只有一个——做舞会礼节的典范。

1．邀舞的礼节

参加舞会向别人邀舞时要注意的礼仪主要有以下几点：

（1）男女双方即使彼此互不相识，但只要参加了舞会，都可以互相邀请。通常由男士主动去邀请女士共舞。

（2）在通常的情况下，两个女性可以同舞，但两个男性却不能同舞。在欧美国家，两个女性同舞，是宣告她们在现场没有男伴；而两个男性同舞，则意味着他们不愿向在场的女伴邀舞，这是对女性的不尊重，也是很不礼貌的。

2．舞会上的风采

所谓风采，指一个人由其言谈举止和作风等方面体现出来的美感程度，是一个人外在美与心灵美有机结合的自然流露。无论是公关性质的舞

商务舞会，要懂得拿捏分寸

会，还是其他社交性质的舞会，令人赏心悦目，并加以赞许的最佳舞者的风度具体表现为：

（1）表情自然，举止文明

舞会的音乐、灯光、气氛都营造出一种温馨浪漫的情调，所以在跳舞时的神情姿态也应轻盈自若，充溢着欢乐感。面部表情也应谦和悦目，面带微笑，目光柔和宁静，整个身心都显得十分自然、轻松和愉悦。跳舞过程中可与舞伴进行适当交谈，交谈内容以轻松的话题为宜，应有意避开工作、经济效益、复杂的人际关系或病丧一类的沉重话题，以免影响舞蹈的情趣和舞会的效果。

（2）舞姿端正规范、大方活泼

跳舞时，整个身体要保持平、正、直、稳，无论是进退，还是左右移动，都要掌握好身体的重心，如果重心不稳就会导致身体摇晃，肩膀高低不一，舞步不和谐，甚至踩了舞伴的脚，这样舞姿就会变形走样，既影响自身形象，同时也会给舞伴造成伤痛。

起舞的正确姿态应是抬头挺胸，双目平视前方，收腹梗颈，使身体重心向下垂直呈平正挺拔状。男女双方相向而立，相距二十公分左右，男士向左上方伸出左手，女士向右上方伸出右手，使手臂以弧形向上与肩部呈水平线，男士掌心向上，拇指平展，将女士掌心向下的右手平托住，而不是随便握住或捏紧。男士用右手扶着女士的腰部，女士的左手手指部分只须轻轻落在男士的右肩头即可，而不能把手贴在男士的后肩或是勾住对方的脖颈。

礼仪点睛

无论是公关性质的舞会，还是其他社交性质的舞会，令人赏心悦目，一种外在美和心灵美在有机结合后自然流露出来是很关键的。

餐桌就餐礼仪

第七章

餐桌礼仪在众多礼仪中占有着非常重要的地位，因为社交离不开用餐。可见，用餐不单是为了满足基本生理需要，有时也是非常重要的社交形式。为此，无论你是主人，抑或只是一位客人，掌握餐桌礼仪知识便显得举足轻重了。

指手画脚是缺乏教养的行为

参加宴会时，我们中国人习惯边吃边聊，说话无可厚非，可以增进感情，加深彼此了解，但说话时指手画脚，就显得不那么优雅了。

很快就要大学毕业了，毕业后，大家就各奔东西、各奔前程。面对即将离别的现实，虽然大家都很感伤，但在饭桌上却没有表现出来这种情绪。这时班长站了起来，只见他左手端着酒杯，右手食指一个一个指着在座的同学，说着四年来的点点滴滴……

正当班长说到兴头上时，一位平常不怎么说话的同学站了起来。他说："班长，四年了，你对大家一直照顾有加，大家不会忘记你的。希望在不久的将来你能事业有成。"班长指着他说："谢谢啊，承你贵言！不过，这四年来，大大小小的场合中从没见你发过言，这回竟然主动发言，真是不容易啊！"那位同学说："既然班长这么说，那我今天就多说两句。这样吧，今天是咱们的散伙饭，我给大家讲个故事，缓和一下离别在即的伤感情绪。我不会说话，说得不好的地方还请大家见谅。

话说苏东坡某日去拜访好友佛印，问佛印看他像什么，佛印说他像一尊佛。佛印便问苏东坡自己看起来像什么，苏东坡说：'我看你像一堆

餐桌上不要指手画脚

赵总你作风强硬，沟通能力差……

张总工作能力突出，但对下属不管不问……

小刘你喝多了，别说了。你是一个新同事，什么还不太熟悉……

我没事，还有小陈，你作为老员工可不能倚老卖老啊……

屎！'说罢哈哈大笑。

回家后苏东坡得意地向苏小妹提起此事，以为自己占了很大的便宜，苏小妹说："哥哥你错了，佛家讲究佛心自现，你看别人是什么，就表明你看自己是什么。'故事并不算长，但是寓意却是一目了然的。他人是我们的另一面镜子，让我们可以反观自我，时时处处检验自己的言行举止。当你用手指着别人时，有三个手指是指向自己的。这就是我要给大家讲的故事，希望这个故事对大家以后的生活有所帮助。"

这位同学坐下后，班长明白了他在故事中隐含了一直想对自己说的话，于是将酒杯换到右手上，轻轻放下了自己的左手。

现实生活中，有些人说话时喜欢像案例中的"班长"那样以手比划，这是很没有礼貌和教养的行为，尤其在宴会中，这样的表现体现出了你对别人的不尊重，会严重影响对方的情绪，导致对方对你产生厌恶，如此一来，也就不必再指望对方给你提供任何性质的帮助了。

因此，不管是在饭桌上，还是在其他应酬中，一定要谨记：当你用食指指着别人的时候，有三根手指在指着自己。

礼仪点睛

在自己家里，我们吃饭时可以不用顾及太多，但如果是外出应酬，那么就必须懂得一些基本礼仪，这样我们才不会让人家觉得我们是一个缺乏教养的人。

如何坐不失礼

一次，小西参加别人70岁大寿的生日宴会，由于堵车迟到，小西到现场时参加宴会的人已经来得差不多了，小西想趁着没人注意，闪进场再找个空位坐下来，可是目光所及之处都是人，根本不见有空位。突然，小西看到一个空座，他赶紧三步并作两步走，以迅雷不及掩耳之势入座，并与同桌的客人打招呼，同桌的客人尽管都给予了回应，但表情都十分勉强。

小西只当那不过是别人不认识自己的正常反应，也就不多想了，安下心来等待开席。过了一会儿，小西感觉众人都将目光转向他，心里正纳闷呢，这时，有一位先生指了指他身后，小西转过身一看，只见后方墙壁上竟挂着巨大的红色"寿"字，原来小西情急之下竟坐了寿星公的位置，他顿时感到脸上火辣辣的，尴尬地站了起来，在好心人的指点下找了个角落的位置坐下。

小西由于疏忽大意，一不小心，喧宾夺"座"，惹来众人"关注"的眼光，场面好不尴尬。尽管小西此举是无心之过，可在场的其他与宴者不会这么认为，他们只会觉得小西是个不懂礼的人。在我们参加宴会时，除了要知道自己当天所扮演的角色外，还要了解男女主人在餐桌上的位置，男女主宾的位置，以及其他男女陪客的位置，然后再按照自己所扮演的角色入座，切不可像小西一样做出"喧宾夺主"的行为来。那么，到底怎么坐才不会失礼呢？

1. 客人到达自己的位子时，一屁股坐下来，是相当不礼貌的行为。正确的入座方式为从左侧入座，先用一只脚跨入桌椅间的空隙，另一只脚再随后跟上。等到双脚到达定位时，上半身保持挺直，下半身弯曲垂直坐下。

2. 赴宴入座不可一见空位就自行坐下，高级饭店往往是由服务员带路入座，以免坐错席位。如是参加宴会，进入宴会厅之前，应先了解自己的桌次和座位，入座时注意桌上座位卡是否写着自己的名字，不要随意乱坐。

3. 应听从主人安排，按主方给定的座位就座。不要随心所欲地寻找熟人或与想要结识的人为邻，或过分客气，以至于拉拉扯扯。另外，入座时，应让年长者、地位高者和女士优先，如邻座是年长者或妇女，应主动协助他们先坐下。然后，自己以右手拉开椅子，从椅子左边入座。同时，应与同桌点头致意。

4. 中式的宴会，多采用圆桌。但每桌照例有一个主人或招待者，在主人两旁的座位，一般是留给上宾或主客，如不是主人邀请，则不宜选此座。

礼仪点睛

在参加宴会时，要知道自己当天所扮演的角色，还要了解男女主人在餐桌上的位置，不可做出"喧宾夺主"的行为来。

谁来点菜更合适

假如把餐桌比喻成战场，那么"点菜"绝不亚于战前的"点兵"。点菜是个人饮食文化的集中表现，融合了地域风格、个人品位，其中大有学问。在餐桌这个战场上，到底谁来点菜更合适呢？这就要具体情况具体对待。

一般情况下，可以有以下几种选择：

1. 主人点菜

点菜时，一般都应有礼貌地征求一下客人的意见，但怎么问大有讲究。一般来说，主要有两种问法：一种是封闭式问题，比如"来条草鱼还是鲤鱼？"，如此在两者之间进行选择，大大缩小了选择的余地。又如"喝茶还是喝咖啡？"，就是告诉对方，你不要喝酒。而另外一种问法则是开放式的问题。比如，"您想喝什么？"，由被问者自由选择。此外，需要注意的是，一定要了解客人不吃什么，尤其注意不要犯宗教禁忌或民族禁忌。

2. 客人点菜

入席后，主人往往把优先点菜的权利让给客人，这是出于礼貌而为。

一般来说，客人不好意思点价格较贵的菜品。如果你看出客人有些为难，可以从侧面来提醒和帮助他。例如，"这里的咖喱牛肉比较有特色，你可以试试看"，或者"咱们共同点道海鲜浓汤吧，这里的海鲜比较新鲜，值得一尝"等。用轻松的语气向客人提出建议，意思是这样的价位你可以接受，客人尽管依此类推来点菜，不必感到拘束。

3. 领导点菜

和领导一起吃饭时，往往是领导一个人说了算，决定大家吃什么菜，而下属通常异口同声说"都行都行""什么都行"，将选择权拱手让出。当然，也有那种随和的领导，让大家群策群力，想吃什么就说，或者索性放手让下属去点菜，毕竟吃饭不是什么原则问题，轻松一点儿才好。不过，和领导一起吃饭还是应该优先让领导点菜，这也是职场中的一门艺术。

4. 女宾点菜

在当今世界，除了少数地方外，在一些较正式的场合，"女士优先"这句话可以说是放之四海皆准。男女在餐馆、饭店约会，点菜时应让女士先点，尊重女士的意见。在西餐厅，如果女士对吃西餐已经轻车熟路，那就大大方方点好了。当然，要不时征询一下在场男士的意见。但如果不熟悉西餐的点法，菜单又全是英文，女士可以坦率而诚恳地说："你来点吧，你熟悉，我相信你点的菜很美味。"

5. 轮流点菜

亲朋好友一起吃饭，大多是一个人点一个菜。不过，如果大家都不爱吃你点的那道菜的话，你就有责任吃掉三分之二。点菜吃饭是个人行为，和工作不一样，每个人都有自己的机会和选择权，不必有太多的顾虑。

6. 职业点菜师代劳

如今，社会上出现了一种职业——点菜师。如果你对饭店的菜实在拿不准，不妨请个职业点菜师。实际上，上档次的饭店都会培养一些训练有素的点菜师，当客人面对菜单无所适从时，点菜师会为客人配出一桌好菜。

如果当着客人的面，不方便讲要花多少钱时，可以通过特定的词汇，比如"来点家常菜""来点清淡爽口的"，这是暗示点菜师自己不想"高消费"；而"有什么山珍海味""来点海鲜"，则是暗示点菜师你请的是贵宾，并不在乎花费多少。

礼仪点睛

宴请客户，在点菜时，不应该问服务员菜肴的价格，或是讨价还价，这样会让你在客户面前显得有点小家子气，而且客户也会觉得不自在。

酒桌上如何说话

"酒文化"是一个既古老而又新鲜的话题，现代人在交际过程中，已越来越多地依赖酒的作用了。的确，在人们的交往中，酒可以起到沟通感情、促进交流的作用。因而，如何在酒桌上说话，就成为一门需要研究的技巧。

1. 瞄准宾主，把握大局

大多数酒宴都有一个主题，也就是喝酒的目的。赴宴时首先应环视一下各位的神态表情，分清主次，不要单纯地为了喝酒而喝酒，失去交友的好机会，更不要让某些哗众取宠的酒徒搅乱东道主的意思。

2. 语言得当，诙谐幽默

酒桌上可以显示出一个人的才华、学识、修养和交际风度，有时一句诙谐幽默的语言，会给别人留下很深的印象，使人无形中对你产生好感。但在一些正式场合还是需要有所顾忌，如"客人喝酒就得醉，要不主人多惭愧""喝酒不喝白，感情上不来""量小非君子""人在江湖走，哪能不喝酒""宁可胃上烂个洞，不叫感情裂条缝"等内容，虽然语言诙谐，或许能起到调节宴会气氛的效果，但是格调不高，还是不用为妙，否则只能让在座人士对你的印象大打折扣。

如果是在十分庄重的交际宴请中，劝酒辞就要讲究文采和风格。且看某市市长出访德国马尔巴赫市，在欢庆两市成为友好城市的晚宴上的一段致辞：

"让我端起金色的葡萄酒，在诗人席勒的故乡，用他著名的《欢乐颂》里的一段话，为我们已经签订的盟约干杯！巩固这个神圣的团体，凭着这金色美酒起誓……"

这段劝酒辞风格独特，它突出了该市是席勒的故乡这一典型特征，引用席勒的名诗名句，把酒会的欢乐气氛及双方长期友好合作的愿望表达得淋漓尽致。

3. 敬酒有序，主次分明

敬酒也是一门学问。一般情况下敬酒应以年龄大小、职位高低、宾主身份为序，敬酒前一定要充分考虑好敬酒的顺序，分明主次。即使与不熟悉的人在一起喝酒，也要先打听一下身份或是留意别人如何称呼，这一点心中要有数，避免出现尴尬。

敬酒时一定要把握好敬酒的顺序。有求于某位客人在席上时，对他自然要倍加恭敬，但是要注意，如果在场有更高身份或年长的人，则不应只对能帮你忙的人毕恭毕敬，也要先给尊者长者敬酒，不然会使大家都很难为情。

4. 察言观色，了解人心

要想在酒桌上得到大家的赞赏，就必须学会察言观色，了解每个人的特点和喜好，不要对不喜欢喝酒的人用力劝酒，这样会适得其反。因为与人交际，就要了解人心，这样才能演好酒桌上的角色。

5. 众欢同乐，切忌私语

大多数酒宴宾客都较多，所以应尽量多谈论一些大部分人能够参与的话题，得到多数人的认同。

6. 锋芒渐射，稳坐泰山

酒席宴上要看清场合，正确估价自己的"实力"，不要太冲动，尽量保留一些酒力和说话的分寸，既不让别人小看自己又不要过分地表露自身，选择适当的机会，逐渐放射自己的锋芒，才能稳坐泰山，不致给别人产生"就这点儿能力"的想法，使大家不敢低估你的实力。

7. 劝酒适度，切莫强求

"以酒论英雄"，对酒量大的人还可以，酒量小的可就犯难了，有时过分地劝酒，会将原有的朋友感情完全破坏。

学会在酒桌上得体说话，你便能在交际应酬中把握住展现自己的机遇；学会在酒桌上说话，可让你在瞬间亲近别人，很快地跟对方成为好朋友。

礼仪点睛

在中餐里，干杯前，可以象征性地和对方碰一下酒杯；碰杯的时候，应该让自己的酒杯低于对方的酒杯，表示你对对方的尊敬。用酒杯杯底轻碰桌面，也可以表示和对方碰杯。当你离对方比较远时，完全可以用这种方式代劳。

饮好开席的两杯酒

中国是礼仪之邦，就是饮酒也有不少礼仪规范。了解并熟练掌握这些规则和习俗，不仅能使你在酒桌上顺风顺水，挥洒自如，还能显出你良好的修养和出色的交际能力。

1. 第一杯酒应该礼貌有加

好的开端是成功的一半。有一个良好的开端，事情的成功就有了基础。因此，第一杯酒十分重要。宴会上的第一杯酒好比一场表演的开场，能否吸引住观众，对后面的影响很大。第一杯酒往往能为整场宴会定下基调，开头顺畅，下面接着也就顺畅了；开头不顺畅，后面的气氛就不大容易调动。

在正式场合，一般由主人举杯；在家宴上，一般由晚辈向长辈敬酒；亲友间的欢宴由年长者先行举杯，或由召集者先行举杯。

第一杯酒，一定要饱含祝福，为的是后面的"杯莫停"。这一杯是后面的基础，即使不想拼酒，也要努力为后面的欢愉场面打下基础。因此，第一杯酒，要区别不同情况，以礼待之。

如果是在庄重的外事场合，第一杯酒不但要礼貌有加，而且必须注意来客的身份及风俗习惯，祝酒既要体现应有的热情，又要不卑不亢，绝不能强人所难，自己喝多少就一定要对方陪饮多少，这样不但不能达到热情接待的目的，而且还会造成负面效应。要饮酒有度，热情适度，把握尺度，展现风度。

千言万语融于酒，千杯百盏尽看开头。假如第一杯酒能够充满感情，礼仪得体，那么后面的敬酒当然会顺畅得多。

2. 第二杯酒应该盛满热情

一般的宴会，主人敬酒后由主宾举杯，作为礼仪性的回敬，然后宴会便进入敬酒阶段。由于第一杯酒已经把宴会的主题、宴会的目的、对主宾的良好祝福等表达了出来，这时再次互相举杯就要注重以情祝酒，杯盛热情，将热切感人的话语融入杯中献给来宾。

如果是商战场合，更要融入深情。合作会以谈情为先，酒品如人品，情通事就通。如果能通过自己的深情触动双方的情感，那么，一些争论和分歧也会得到缓和与化解。

礼仪点睛

一般情况下，敬酒应以年龄大小、职位高低、宾主身份等为先后顺序，一定要充分考虑好敬酒的顺序，分明主次。即使和不熟悉的人在一起喝酒，也要先打听一下身份或是留意别人对他的称号，避免出现尴尬。如果在场有更高身份或年长的人，也要先给尊长者敬酒，不然会使大家很难为情。

你在细品食物，别人在细品你

有人说："你怎样细品食物，别人就会怎么细品你。"可见，你在餐桌上的言行举止，会直接影响别人对你的看法，对方能够以你的吃相来判断你是否是一个有修养的人。既然吃相如此重要，那么，该怎么避免不雅的吃相呢？

1. 吃到太烫的食物

假如你吃了一口很烫的东西，一定要迅速地喝一大口凉饮料。只有当身边没有凉饮料并且你的嘴要被烫伤时，你才可以把它吐出来。但应该将其吐在你的叉子上或者手上，并快速把它放在盘子边上。

2. 打哈欠

在餐桌上打哈欠常常给别人这样的感觉：对饭菜或谈话没有兴趣，已感到很不耐烦了。

如果在大庭广众下你控制不住打哈欠，一定要马上用手捂住嘴，接着说："对不起。"千万不可毫无顾忌，张口就来，那样容易让别人心生不快。

3. 在餐桌上咳嗽、擤鼻子

一般情况下应克制这样的行为，因为这样的动作实在是太失礼了。如果无法控制，最好用自己的手巾或手捂住鼻子，如果你使用了餐巾，则要轻声告知服务生，请他们替你更换一下。

4. 在餐桌上剔牙

如果你的牙缝里塞了东西让你感到不适，先喝口水漱口，如果仍无法冲刷出来，也别在餐桌上用牙签剔牙，这时你应到洗手间去处理。如果你确实需要当众剔牙，最好用一只手挡住你的嘴，千万不要咧着嘴冲着他人。

5. 异味或异物入口

异味入口时，不必勉强吃下去，但也不要引起在一起吃饭的人的不快。这时，你最好的办法就是用餐巾把嘴盖住，快速地吐到餐巾上，然后尽快地召唤服务员来处理，并要求服务员给你更换一块干净的餐巾。

6. 弄洒了汤汁

把汤汁弄洒了，无论对主人还是对自己来说，都是一件十分麻烦的事情。如果你不小心弄洒了汤汁，可以用以下方法应付：

（1）如果你不小心在桌椅上泼洒了一点儿酱汁，可用餐巾擦拭，如果餐巾已经很脏，就应小心折好后交给服务员处理。

（2）如果你不小心把咖啡、汤一类的液体洒在你的茶杯托盘里，可以用餐巾纸吸干，以免你拿着杯底很湿的杯子时，又弄脏别处。

（3）如果你的汤汁洒了很多，应叫服务员来清理你弄脏的地方，如果不能清理干净，服务员会再铺下一块新餐巾，把脏东西盖住。

（4）如果连你的座位上也弄上了大量的污渍，你可以向服务员或主人再要一块餐巾盖在你弄脏的地方，同时向主人和客人致歉。因为你为他们带来了不便，你也可以对自己闯的祸开个玩笑，让大家很快忘记发生的事，从而缓解自己的尴尬。

总之，在宴会中要尽量避免不雅的吃相，毕竟你的事业可能在餐桌上发展起来，也可能在餐桌上跌落，千万不可因为吃相影响别人对你的看法，从而导致你的生意失败。

礼仪点睛

宴席上，如果没有服务员分菜或是公筷、公勺，夹菜的时候可要先看好，切不可用自己的筷子在盘中挑来拣去，甚至搅拌。因为不是每个人都像爱人一样不介意你筷子上的口水。

别让你的酒杯凌驾于长者之上

为什么人们在饭桌上祝酒时要碰杯呢？有两种解释：一种解释是，喝酒碰杯由古希腊人创造的。传说古希腊人注意到这样一个事实，在举杯饮酒之时，人的感官都可以分享到酒的乐趣，鼻子能嗅到酒的香味，眼睛能看到酒的颜色，舌头能够辨别酒味，只有耳朵被排除在这一享受之外。怎么办呢？古希腊人想出一个办法，在喝酒之前互相碰一下杯子，杯子发出的清脆响声传到耳朵中，这样耳朵就和其他感官一样，也能享受到饮酒的乐趣了。另一种解释是，喝酒碰杯起源于古罗马。古罗马崇尚武力，常常开展"角力"竞技。竞技前选手们习惯于饮酒，以示相互勉励。由于酒是事先准备的，为了防止心术不正的人在给对方喝的酒中放毒药，人们想出了一种防范方法，即在"角力"前，双方各将自己的酒向对方的酒杯中倾注一些。以后，这样的碰杯便逐渐发展成为一种饮食礼仪。

小陈是大陈的堂弟，刚刚大学毕业，现在给大陈做秘书。一日大陈带着小陈赴宴，一方面是让他多见见世面，另一方面是介绍一些生意上的客户给他认识，也便于小陈日后的工作。

席间敬酒不断，不管谁敬酒，小陈都会随着大陈站起来陪敬，可是每

敬酒时，别让酒杯凌驾于长者之上

每举杯时，小陈的杯沿总是高出其他人许多，而且总是碰得酒杯"框框"作响。小陈这种表现让大陈深觉脸上无光，不时拿眼睛瞪小陈，可是小陈却不明所以。

为什么大陈不时瞪小陈呢？小陈做错什么了吗？是的，敬酒时站起来是没错的，可是小陈不知道一般敬酒时自己的酒杯都得略低于对方，如果对方是长辈且是自己的上级，一般是碰其酒杯上沿的三分之一处略低，而且碰杯时不是拿整个杯子去碰，而是略倾斜酒杯，拿自己的酒杯口去碰，但不要太倾斜，否则有做作之嫌。如果对方是"官级"比你高很多的领导，或是年纪很大的长辈，你就要用双手敬酒。另外，也不必碰得酒杯"框框"作响，只要发出清脆的碰撞声即可。

酒桌文化有一定的讲究，如何敬酒要因人而异，也可能因地区文化的差异而有所不同，要具体情况具体对待。

礼仪点睛

饮酒干杯时，即使不喝，也应该将杯口在唇上碰一碰，以示敬意。喝酒时绝对不能吸着喝，而应倾斜酒杯，好像是将酒放在舌头上似的感觉。此外，一饮而尽，边喝边透过酒杯看人，边说话边喝酒，都是失礼的行为。

宴会结尾的应酬不可忽略

俗话说："编筐编篓，重在收口。"宴会也不例外。有些人认为，宴会结束了就可以彻底放松下来了，不用再顾虑什么。其实不然，宴会的结尾应酬很重要，不能因为一时疏忽，使得自己之前费尽心思树立起来的良好形象瞬间崩溃。因此，圆满地结束宴会也是要花费心思的。

1. 宴会结束的时间

一般说来，当主人把餐巾放在桌子上或者从餐桌旁站起身来，即表明宴会结束。只有看到这种信号以后，宾客才可以把自己的餐巾放下，站起身来。

正餐之后的酒会告辞时间按常识而定，如果酒会不是在周末举行，那就意味着告辞时间应在晚间十一时至午夜之间。若是周末，则可晚一些。除非客人是主人的亲密朋友，否则一般都不应在酒会的最后阶段还坐在那里。

2. 离席的先后顺序

当宴会结束，离开餐桌时，不应把座椅拉开就走，而应在自己走出座位后再把椅子挪回到原来的位置。作为男士，要抓住这个表现绅士风度的机会，帮助身边的女士移开座椅，然后在她离开以后再把座椅放回餐桌边。要注意，有些餐厅比较拥挤，贸然起身，或使手提包、衣服等掉落在地上，或是碰到人，打翻茶水、菜肴，出现这样的情况，常常会让人觉得失礼又尴尬。所以在离开座位的时候，一定要格外小心，不要在最后的时候还闹出这种不应该发生的"小插曲"。另外离开座位时一定要让身份高者、年长者和女士先走，贵宾一般是第一位告辞的人。

3. 热情话别

当宾客离去时，宴会主人应像迎接宾客一样地站在门口与他们一一握别。当宾客成群离去时，也应送至门口，挥手互道晚安，并应致意说"非常感谢各位的光临，真谢谢你们把宴会的气氛维持得这样好"，或者为了以后还能有这样的宴请，也会直接表达说"感谢您的捧场，有您在，给大家增添了很多的欢乐，希望下次还有这样的机会跟您一起进餐"等等这样的话。

礼仪点睛

在商务交际中，善始善终是非常重要的。有人为了取得与客户见面的机会，以便推销、介绍己方的产品，会精心地准备，但与客户分别之后却很少进行联系。这会给人留下人走茶凉的悲凉感，不利于和客户建立长久的合作关系。

中餐和西餐，
不一样的应酬之道

因为文化的不同，东方和西方的宴请礼仪也不尽相同，年轻人应该知道这一点。

1. 中式宴会的礼仪

中国人吃中餐，就像拿筷子夹菜一样轻松自如，能有什么不明白的地方？很多人都有这种想法。其实中餐也有不少礼节是人们平时未多加注意的。

入座之后，首先将餐巾打开平放在膝上，千万记住，那是用来擦手指或嘴唇的，可别把它挂在颈项之间。席间若奉上了毛巾，多半是为了方便你擦去吃螃蟹、炸鸡等食物时手上所留的油渍，千万不能用作他途。

至于餐具的使用，须注意的原则是：能用筷子取的，应以筷子夹取，不方便用筷子的才用汤匙，但应避免用筷子或汤匙直接取菜送入口中，最好先置于自己的碗碟中，然后再慢慢吃。

用餐时，通常以右手夹菜盛汤，左手则扶碗、端碗，切忌右手拿筷，左手又持汤匙，更不可一手兼持筷子和汤匙。

用餐时，切忌狼吞虎咽，呼噜作声。骨头、鱼刺等不可吐在桌布上，而应置于盛装骨头的专用碟中。取菜时也不可拨弄盘中的食物，或是站起来夹取远处的食物。

吃完之后，应该等到大家都放下筷子，以及主人示意可以散席，才可离座。

向主人告辞，按照例得和主人握手，握手要用力一点儿，以表示感谢。如果多人等候与主人握手告别，你只要和主人握手道别即可，不宜耽搁主人的时间。

2. 西式宴会的礼仪

参加西式宴会，首先应该向女主人打招呼，然后才轮到男主人。

西餐宴会中还有一个特点，就是席位的安排与中国宴会中席位的安排迥然不同。中国人请客一般都用圆桌，而西方人是用长桌。在西餐宴会中，男女主人一般都是在长桌的两端，主宾的位子是在最接近主人的地方，女主宾坐在男主人的左边，而男主宾则坐在女主人的左边。最接近男女主人右边的位子，也是属于主宾的。

宴会中的席位，主人事先大多有安排，在入席前，你要先看你的名卡在哪里，然后入席，如果没有排定座位，而你又不是属于主宾，那你可以坐在远离主人的席位。但是，按照规矩，应该待主人或招待员请你上座时方可入席，不可自己闯上去，否则会被人笑话。

上菜的时候，也是女性优先，第一个要给男主人左手边的那位女主宾上菜，其次是男主人右边的那位女主宾，跟着是女宾依次上菜，等到女主人上菜后，才替女主人左边的那位男主宾上菜，依顺序轮下去，最后才是男主人上菜。等到女主人招呼吃菜时，客人才可吃，这时，女主人好像是一个司令官。在非正式的场合中，你有时不必等到每个人都上了菜才吃，但必须是你左右两人的菜已经上了，才可以动手吃，这也算是一个小礼貌。

正式的宴会，通常是由服务员用大盘盛着食物托到你的面前，由你自己取食物到碟子里。在这种情况下，通常在你的前面有一张餐单，你可以

看餐单内容而考虑你的食量，不要取得太多。按照西方人的习惯，如果你吃不完而把东西剩下是很不礼貌的，这表示你不喜欢主人的菜式。

在西式宴会中，要是你迟到了，所有宾客都已经就座，在这种场合下，你要特别小心，不能惊动四座，也不能悄悄地溜入，连对主人也不敢望一眼，这样是很失礼的。你应该走近主人所指定的位置，向主人打招呼，然后坐下来，用点头方式和宾客们打招呼。这个时候，女主人招呼你时，她不必站起来，因为她一站起来所有的男宾客就必须站起来。但在你的座位右边的一个男宾客，他就应该站起来，替你拉开椅子，你向他致谢后再坐下。

在宴会进行中，你应该和左右两侧的人轻轻说话，不可以隔着他们和另外的客人大声说笑。

口中咀嚼食物时不要说话。如果你需要一些酱料，但它们又不在你的面前，你也不能站起来伸手去取，那样是很不礼貌的，应该请邻座递给你。用完餐后，要等到主人宣布散席才可轻轻地离开座位。更重要的是，餐后必须逗留一段时间才可告辞回家，以示礼貌。

礼仪点睛

　　吃西餐很大程度上讲是吃情调：大理石的壁炉、熠熠闪光的水晶灯、银色的烛台、缤纷的美酒……这本身就是一幅动人的油画。为了让自己在初尝西餐时举止更加娴熟，熟悉一下这些进餐礼仪，还是非常值得的。

日常交往礼仪

第八章

现代社会节奏快，人与人之间的日常交往比较频繁，如何能更好地与人交往，获得友谊，增进彼此的感情，关键在于你是否懂得日常交往礼仪。俗话说"十里不同风，八里不同俗"，就是要求我们在具体使用日常交往礼仪时，一定要具体情况具体分析，因人、因事、因时、因地而恰当对待。

多寒暄几句，
用"礼"增进感情

寒暄是交谈的润滑剂，它能在陌生人之间架起友谊的桥梁。由于两个人初次见面，对彼此都不太了解，往往会陷入无话可说的尴尬场面。这时我们不妨以一些寒暄语为开头，比如，"天气似乎热了点儿！"或者"最近忙些什么呢？"等等。虽然这些寒暄语大部分并不重要，然而，正是这些话才使初次见面者免于尴尬的沉默。以下几种寒暄的方式可供参考。

1. 从天气谈起

愉悦的态度会给他人留下良好的第一印象，以愉悦的声调谈天气容易拉近两个人的距离。

2. 询问对方的工作进展、身体状况等

例如，你可以说"这一阵工作忙吗？"，"快毕业考试了吧？"，"你看起来神清气爽，是不是有喜事呢？"等类似关心的问话。

3. 从对方的行动谈起

例如，看到对方下班，可以问一句"下班啦"。

不管采用哪种方式，寒暄都是打开对方话匣子的宝贵钥匙。

20世纪80年代，意大利著名女记者奥琳埃娜·法拉奇打算到中国对邓小平同志进行一次专门采访。然而，当时中国刚刚改革开放，在此之前中国与西方世界有着长达几十年的冷战，法拉奇非常担心对邓小平的专访能否成功。于是，在采访前，她翻阅了许多有关邓小平的书籍，在看到一本传记时，她注意到邓小平的生日是1904年8月22日。于是，她脑海中有了些想法。

1980年8月22日，邓小平同志接受了法拉奇的专访。

"邓小平先生，首先我谨代表我们意大利人民祝福您，祝您生日快乐！"法拉奇十分谦逊有礼地说道。

"我的生日？我的生日不是明天吗？"邓小平分辩道。

"不错，邓小平先生，今天确实是您的生日，我是从您的传记中知道的。"法拉奇信心十足地说。

"噢！既然你这样说，就算是吧！我从来也不知道什么时候是我的生日。就算明天是我的生日，我也已经76岁了。76啊，早就是衰退的年龄了，这也值得祝贺？"

显然，法拉奇的问候已经让邓小平对她有了好感，所以邓小平不禁和她开了个小小的玩笑。

"邓小平先生，我父亲也是76岁了。如果我对他说那是一个衰退的年龄，他会给我一巴掌呢！"

法拉奇也和邓小平开起了玩笑。

邓小平听后，哈哈大笑。

"他做的也许对。不过，我相信你肯定不会对你父亲这样说的，对吧？"

采访气氛就这样十分融洽而轻松地形成了，接下来便是法拉奇此行的真正目的，她将谈话引入正题。

"邓小平先生，我想请教您几个大家都十分关心的问题，不知您能否

给我一个圆满的解答。"

"我尽自己所能吧，尽量不让你感到失望。我总不能让远道而来的客人空手而回吧！要知道我们中国可是个礼仪之邦。"

由于法拉奇在采访开始前先来了一个恰如其分的寒暄——祝您生日快乐。这为她的采访营造了一个良好的气氛，所以她的采访都得到了满意的答复。法拉奇能获得成功，就是由于她明白初次见面时的寒暄是联络感情的必要手段。一番寒暄之后，切入正题就会变得顺利多了。

所以，在现实生活中，如果你觉得和对方开始交谈有一定的困难时，不妨先和对方来一些寒暄的话。这样就能使你们的谈话变得顺畅很多了。

礼仪点睛

打招呼时，男性先向女性致意，年轻的不论男女均应首先向年长者致意，下级应向上级致意。两对夫妇见面，女性先互相致意，然后男性分别向对方的妻子致意，最后男性互相致意。

不要过度在乎"我"

一家公司招聘员工，最后要从三位应聘人员中选出两位。于是这家公司出了这样一个题目：

假如你们三个人一起去沙漠探险，在返回的途中，车子抛锚了。这时，你们只能选择四样东西随身带着。你会选什么？这些东西分别是：镜子、刀、帐篷、水、火柴、绳子、指南针。其中帐篷只能住两个人，只有一瓶矿泉水。

男士甲选的是：刀、帐篷、水、火柴。

面试经理问他："为什么你第一个就要选刀？"

男士甲说："害人之心不可有，防人之心不可无。这帐篷只够两个人睡，水只有一瓶，万一有人为了争夺生存机会想害我呢？所以，我把刀拿到手，也就等于把主动权抓到了自己手中。"

女士乙和男士丙选的四样物品一样：水、帐篷、火柴、指南针。

女士乙解释说："水是必需品，虽然只够两个人喝，但可以省着点儿，也需会遇到绿洲，这时便可以用瓶子装些水；帐篷虽然只能容纳两个人睡，但是可以三个人轮换着来休息；火柴也是路上必不可少的，晚上可以用来点火取暖；而指南针可以用来辨别方向，这样即使在风沙很大、看不见物体的时候，也能走出沙漠。"男士丙给出的解释与女士乙相同。

最后，男士甲被淘汰出局。

小孩在做游戏时，常会说"我的""我要"等，这是自我意识强烈的表现。这在小孩子的世界里或许无关紧要，但若长大成人以后仍然如此，就会给人一种自我意识太强的坏印象，那么他们的人际关系也会因此受到影响。

人的心理是很奇妙的，同样的事往往会因说话者的态度不同，而给人以完全不同的感觉。因此善用"我们"来制造彼此间的共同意识，对促进我们的人际关系将会有很大的帮助。

说"我"跟"我们"的差别，其实就在于听者的感受。说"我们"，听者心里高兴，对自己有好处；说"我"，听者心里不高兴，对自己没什么好处。既然这样，聪明的人就应该多说"我们"少说"我"。

那么是不是不能说"我"呢？当然不是，只是要把握好机会。平时积累了很多人情资本，在关键时刻勇敢地把"我"说出来，也会取得让人满意的结果。

礼仪点睛

俗话说："送人玫瑰手留余香。"友谊是日积月累起来的，日常生活和工作中你主动关心帮助别人，你有困难时，相信别人也会帮助你。

立刻停止刻薄，和气地对待他人

尖酸刻薄型的人，是在任何交际圈里都不受欢迎的人。这种人的特点是和别人争执时往往挖人隐私不留余地，同时冷嘲热讽无所不至，令对方自尊心受损，颜面尽失。

这种人平常以取笑、挖苦别人为乐。你被老板批评了，他会说："这是老天有眼，罪有应得。"你和别人吵架了，他会说："一个巴掌拍不响，两个都不是好东西。"

尖酸刻薄型的人，天生得理不饶人，尖牙利嘴。由于他的"言语犀利"，因此基本没有什么朋友。他之所以能够生存，是因为别人懒得理他。但如果有一天别人忍无可忍之时，他的下场也好不到哪里去。

老刘50多岁了，是公司里一位人见人厌的人物。闲暇之时，他总爱向同事们找茬儿，一旦他缠上了谁，就极尽取笑、挖苦之能事，使人脸上无光，自尊心受损。

小宋是位新进公司不久的年轻人，工作经验不足，一次和客户联系业务时发生口角，结果被公司经理狠狠批评了一顿。老刘得知后就当众阴阳怪气地说："你这小伙子，那么点儿小事都处理不好，难怪经理收拾你，你还太嫩呀！"

几句话气得小宋脸色都变了，没等到他反驳，老刘转身对其他同事说："大伙不知道吧，小宋搞对象倒挺有本事，昨天我还看见他搂着女孩逛大街，玩潇洒呢。"

接着他站起来，倒了一杯水说道："太嫩了，还是太嫩了。"

语言是引起风波的罪魁祸首，如果别人不能容忍你的话。短短的一句话，能使你的职场步履维艰，能使姻缘断绝，能使友情破裂……语言的威力可谓惊人，如若语言含有毒物，它可以毁灭人生；如若语言含有芳香，它可以愉悦生命。

语言的伤害力我们不可小视，随口说的一句话可能给人以巨大的创伤，或者使人痛苦不堪。语言不是枪或刀等利器，但残忍的言语比利器还要厉害，它会给人留下无法磨灭的心灵创伤。肉体上的伤害容易愈合，但精神上的创伤却难以抚平。

刻薄，虽然逞了一时的口舌之快，却得罪了人而不自知，真有些得不偿失。因此，年轻人，现在停止你的刻薄，在和气的言语中，广交各路朋友吧。

礼仪点睛

尖酸刻薄的人常常是不受欢迎的，所以我们待人接物要大度。但是如果我们遇到这类人该怎么办呢？一定要和这种人保持一定距离，不要去惹他们。万一听到一两句刺激的话或闲言碎语，就当没有听到，只要不太过分，最好不要和他们计较。

不要口无遮拦，
更不能出口成"脏"

　　现实生活中人们很容易受一些不良社会因素的影响，养成不好的习惯，比如说爆粗口、说粗话等。也许有人不以为然："我跟一般人不会爆粗口，只有关系好的朋友才会，大家都是朋友，都知道我没有恶意，所以没事。"真的是这样吗？跟朋友就可以毫无顾忌地出口成"脏"吗？

　　陆飞带着女友回国，打算宴请几个很久没见的老同学。吃饭那天，天下着大雨，这时，一男一女相伴进了饭店，只听到男的说："陆飞这小子可真会挑日子，他××的，这么大的雨跑到他××这么远的××饭店！真××！"旁边女的劝他说："你就少说两句，要让陆飞听见多不好啊！人家好心好意请你吃饭，谁想会下雨啊！"

　　看到陆飞，也没有寒暄一番，那位男士直接劈头就骂："陆飞，你这××小子，出国混了几年，真是××，还以为××死外头了呢，真××的……"陆飞一个劲地说："抱歉，没想到会下雨，给大家添麻烦了。"在场的老同学都说没事。可是那位男士又开始了："陆飞，你这话说得就见外了，咱们是什么关系啊，老朋友了，你××不要以为我刚刚是××抱怨，你知道的，我××就是一大老粗，别××误会啊，没别的意思。"陆飞在一旁赔笑道："不会，不会。"与宴的其他同学都在笑着议论："你怎么这样啊，也不看什么场合，一点儿不顾及咱们的面子。"

朋友聚会就可以出口成"脏"吗？很多人觉得，朋友都是自己人，说话可以无所顾忌，殊不知，朋友也是人，也需要尊重。案例里那位仁兄毫不注意场合，暴露出了自己粗鄙与无知，他不文明的言行只会招致朋友们的反感与厌恶，下次谁还敢与他同桌共餐呢？

朋友聚会相对于其他社交宴会来说，氛围会轻松一些，可是这并不表示你可以毫无顾忌地大爆粗口，那样一方面会让朋友觉得尴尬，如果还有其他人在场，朋友会因你的不注重场合而怨恨你，懊悔自己结交了不该结交的人。另一方面，你也因此成为全场的"中心"，大家都在看你"自我陶醉"于自己的低级趣味中，并对你避而远之，毕竟谁也不想与一个张口爆粗话的人待在一起。

因此，我们平常一定要注意养成良好的语言习惯，不可随意讲脏话，参加宴会更要注意文明礼貌，不可留给别人出口成"脏"的坏印象，从而导致社交失败，生意泡汤。

礼仪点睛

礼貌是人与人之间交往的第一步，有了礼貌人与人之间就会更加融洽。因此，恰当的礼貌用语永远都会让人有如沐春风的美好感觉，礼貌用语不是虚伪客套，它是对他人发自内心的一种尊重。

真心才能好办事

　　一个人如果掌握了说话的技巧，那么他在求人办事的时候，往往比别人更容易成功。

　　一句充满人情味的关心话语，比通盘大道理更有说服力，因为人还是比较重情义的。

　　生活中常常可以看到，以适应对方的心理需求而提出诚恳的请求，往往是成功说服的好方法。

　　请求别人，要把握恰当的时机，对方时间宽裕，心情舒畅时，请求他做点儿事得到答应的可能性很大；相反，对方心境不佳时，你的请求可能只会令他心烦，很难得到确定的答复。

　　请求别人，要注意礼貌。"请"字当头，因为毕竟是你有求于人，如果请求别人对疑难问题指点迷津，应说："请教您一个问题，可以吗？"你不知道去市体育中心的路，应向路人问："请问到市体育中心的路怎么走？"在商店买东西，你应对服务小姐说："请把那个文具盒给我看看。"风从窗口吹进来，你对坐在窗边的人说："请关一下窗，好吗？"凡有请求必须使用请求语，这样对方容易接受。

　　请求别人，还要端正态度，注意语气。请求别人虽无须低声下气，但也绝不能高人一等，非得别人答应不可，正确的方式应当语气诚恳，要用协商的语气，如"劳驾，让我过一下，行吗？"、"对不起，请别抽烟，好吗？"、"什么时候有空了请跟我打打球，怎么样？"这样说。

同时，还要体谅对方的心理："我知道这事对您来说不好办，但我实在没有办法，只好难为您了。"

当有客观原因，对方不能答应请求时，千万不要抱怨，依然要记得感谢。这样对方在有条件帮忙时肯定会鼎力相助；如果你不能体谅对方，总是抱怨对方，这等于堵死了再次向对方提出请求的路。

礼仪点睛

一句充满人情味的关心话语，比通盘大道理更有说服力，因为人都是比较重情义的。你对别人有情有义，别人也会真心对你。

肆意炫耀，
得不到别人的好感

在日常生活中与朋友交往，尤其是和一些地位与处境不如你的人交往，你内心是否会滋生一种居高临下的感觉？如果有，你应该及时"铲除"人际交往中的这种"有害病症"。

富兰克林是美国的政治家、科学家、《独立宣言》的起草人之一。他在美国建国时，曾留下了许多功绩，故有"美国之父"之称。

有一次，年轻的富兰克林到一位前辈家拜访，当他准备从小门进入时，因为小门低了些，他的头被狠狠地撞了一下。

出来迎接的前辈告诉富兰克林："很痛吧！可是，这将是你今天拜访我的最大收获。要想平安无事地生活在世上，就必须时时记得低头。这也是我要教你的事情，做人要保持低调。"

从此以后，富兰克林记住这句话，并把"低调做人"引入人生的生活准则之中。

其实，喜欢炫耀自己、锋芒毕露的人大多是有一定才华的人，他们不甘心寂寞，常在言语行动上争强好胜。但是，中国有句俗话："枪打出头鸟。"如果你什么事都要占尽优势，很可能会招致有些人的嫉妒，有时你的争强好胜还可能无意中伤害了他们，时间一长，难免有个别人对你有所"行动"。所以即使你才华横溢，也不要到处炫耀，逞一时之快。

生活中，有些人总喜欢在别人面前炫耀自己的得意之事，总以为这样就会让朋友高看自己，使别人敬佩自己。殊不知，别人并不愿意听你的得意之事。特别是失意的人，你在他面前炫耀自己的得意之事，他会更恼火，甚至讨厌你。

如果你不想失去朋友，就要时刻注意低调、谦逊的风度，如果你不想让有真知灼见的朋友对你避而远之，最好收敛一些，把你仅有的一点儿见识藏好。要记住，喜欢炫耀只会令你失去的越来越多。

礼仪点睛

著名作家刘墉说过：得意事，最不堪谈论。得意时，勿谈得意事，以免给人骄傲的感觉；失意时，勿谈从前的得意事，以免落人讪笑；得意人前勿谈得意事，免得毫无反应；失意人前勿谈得意事，免得予人伤害。

学会以"礼"说理

很多人认为，朋友之间可以毫无顾忌，想说什么就说什么。而实际上，越是要好的朋友，越应该维护对方的面子，在交际中不要伤害朋友的自尊心，这样，你们的友情才能长久。

陈文进公司不到两年就坐上了部门经理的位置，但是有个别下属不服他，有的甚至公开和他作对，好朋友钱诚就是其中的一位。自从陈文做了部门经理之后，钱诚经常迟到，一周五天，他甚至四天都迟到。

按公司规定，迟到半小时就按旷工一天算，是要扣工资的。问题是，钱诚每次迟到都在半小时之内，所以无法按公司的规定进行处罚。陈文知道自己必须采取办法制止钱诚这种行为，但又不能让矛盾加深。

陈文把钱诚叫到办公室："你最近总是来得比较迟，是不是有什么困难？"

"没有啊，堵车又不是我能控制的事情，再说我并没有违反公司的规定呀！"

"我没别的意思，你不要多心。"陈文明显感觉到了钱诚的敌意。

"如果经理没什么事，我就出去做事了。"

说服别人，要学会以"礼"说理

趁现在的有利时机，我们应该把产品尽快打入欧洲市场。

我理解你现在的心情，你肯定做了很多调查……

赵经理脾气暴躁，我应该好好地给他讲道理。

哦，是这样啊，你说的有道理，我差点犯下大错。

哈哈，我们都是为了公司的发展嘛……

"等等，钱诚，你现在住在体育馆附近吧？"

"是啊。"钱诚疑惑地看着陈文。

"那正好，我现在也搬到了那个地方住，以后你早上在体育馆东门等我，我开车上班可以顺便带你一起来公司。"

没想到陈文说的是这事，钱诚反而有些不好意思，喃喃地说："不，不用了……这样做不太合适。"

"没关系，我们是朋友啊，帮这个忙是应该的。"

陈文的话让钱诚非常惭愧，人家陈文虽然当了经理，还能平等地看待自己，而自己这种消极的行为，实在是不应该。事后，钱诚虽然还是谢绝了陈文的好意，但他此后再也不迟到了。

知道你的朋友做错了，直接提建议很可能会伤及他的面子，同时破坏你们的友谊，不如学学陈文的做法，迂回指出他的错误。

朋友之间相交，一定要学会维护对方的面子。你给朋友面子，朋友自然也会回报你，如果你有什么事需要朋友帮个忙，朋友也会鼎力相助。

礼仪点睛

与朋友相处时，不要伤害朋友的自尊心。谁都会犯错，不要揪住朋友的错误不放，大说特说，这样其实也有损你的个人形象。

用"有色眼光"看人，
被骗的只能是自己

　　智者的眼睛是雪亮的，明眸看人准确又恰当。然而，生活中有一些人却用"有色眼光"看人，把正直的人看成了恶徒，把有才华的人看成了窝囊废……

　　用"有色眼光"看人，就是带着固有的感情色彩，也就是带着成见去看人。虽然这是看人时的大忌，但用"有色眼光"去看人的人，在古今中外的历史上都是屡见不鲜的。

　　用"有色眼光"看人，首先体现在对没有出名的"小人物"起初的轻视上。

　　苏格兰科学家贝尔想发明电话，他将自己的想法说给一位有名的电报技师，那位技师认为贝尔的想法是天大的笑话，还讥讽地说道："正常人的胆囊是附在肝脏上的，而你的身体却在胆囊里，少见！少见！"

　　好在贝尔并没有相信这家伙的"一派胡言"，凭着高度的自信将实验坚持了下去，而最终取得了成功。

　　学术上的"门户之见"，也是导致有些人用"有色眼光"看人的主要

原因之一。

1968年，英国皇家学会为研究碰撞问题而悬赏征文。荷兰人惠狄斯文章最好，可是，因为他不是英国人，而被扣发文章。后来，他的论文被法国赏识，遂在法国出版，他本人也当上了法国科学院院长，为法国在科学上赶超英国发挥了重要作用。

用"老眼光"看人是另一种表现形式。一个人眼下的"地位"可能比较平凡，但这并不妨碍他将来的"地位"变得显赫，没有人能够预知自己的未来。所以，看人时也不要以他现在的状态而自作聪明地评价他的将来。因此，故人相见，也不要凭借原来的印象来评价对方。

用"有色眼光"看人，会使我们犯下许多错误，从而影响我们正常的人际关系。摘下"有色眼镜"，看一论一，以眼前论眼前，凭事实说话，对别人做出客观评价，这样才能使我们避免犯下因个人偏见而造成的错误。

礼仪点睛

俗话说："金无足赤，人无完人。"我们每一个人都不可避免地存在一些缺点。一个能够容忍别人缺点的人，必定是胸怀宽广、受人尊敬的人，而且也是能够拥有辉煌人生与成就的人。

做客待客礼仪

第九章

没有拜访的人际关系是残缺不全的人际关系，不会接待的人也不会给人留下美好的形象，做客与待客是日常生活和工作中不可或缺的社交活动，因此掌握做客待客礼仪，可以展现你的良好素质，拥有成功的人际关系。

初次见面，
要给对方留个好印象

一位心理学家曾做过这样一个实验：他让两个学生都做对30道题中的一半，但是让学生A做对的题目尽量出现在前15题，而让学生B做对的题目尽量出现在后15道题。然后让一些被测试者评价学生A和学生B谁更聪明一些？结果发现，多数被测试者都认为学生A更聪明。

无独有偶，美国前总统林肯也曾因为相貌偏见拒绝了朋友推荐的一位才识过人的阁员。当朋友愤怒地责怪林肯以貌取人，说"任何人都无法为自己的天生脸孔负责"时，林肯说："一个人过了四十岁，就应该为自己的形象负责。"

虽然林肯"以貌取人"有不足之处，但我们却看到了第一印象给人的巨大影响。

初次见面给对方留下美好的第一印象至关重要。那么，当我们与他人初次见面时，应该注意哪些礼仪细节呢？

1. 见面的地方最好约在你熟悉的地方

因为陌生的环境会使你的行为举止变得生硬，使你看上去不那么自信，而自信的态度在初次见面中给对方的印象最深刻。

如果你不得已要去一个陌生的环境赴约，那么你最好先了解那个环境，尽可能早点儿到，熟悉一下环境，那你会显得自然而自信。

2. 与人初次见面一定要准时

如果你能提前五分钟在见面地点等候，相信你就会在接下来的交际中处于主动地位。

3. 适宜的环境

适宜的环境会帮你营造一个和谐、轻松的氛围，以便双方自然地转入正题。初次见面的寒暄最好以天气、环境、交通、城市印象和公众关注的热点为话题，也可以谈及对方的工作单位，自动介绍自己单位的地点、行走路线等。这类谈话会令对方感到你对他的重视，让他有一种亲切感。寒暄的忌讳是涉及对方的隐私，比如，对方的收入、家庭住址、婚姻状况等。

当然，影响第一印象的因素不仅有以上三点，还有其他因素，如得体的着装、优雅的姿态、富有涵养的谈吐、递名片的方式、与人握手的轻重等，这些都是我们平时要注意的礼仪细节。

礼仪点睛

初次见面，与人握手时一般不能用左手，不能戴墨镜，不应该戴帽子，一般不戴手套，与异性握手不能双手去握。在国外，女士与男士握手，女士可以不站起来，但男士必须站起来。

没有人喜欢
突然降临的"天兵天将"

娟子和大军谈恋爱两年了，但大军一直没有去拜访过娟子的父母。今年国庆放假，娟子打算让大军去家里见见父母。娟子说自己要先回去和父母打个招呼，过两天大军再来。

这么说定后，娟子就动身回家了，谁知她前脚刚迈进大门，大军后脚就跟了进来。面对"从天而降"的大军，娟子倒是倍感惊喜，但娟子的父母却一脸的不高兴，面对这个突然出现的"姑爷"，他们没有一点儿心理准备。

拜访作为一种很重要的应酬方式，不管是见家长还是见客户，都是十分讲究的。没有人喜欢"天兵天将"式的突然拜访。因此，在拜访之前，要先和主人打好招呼，虽然这已经是常识了，但在繁忙的现代生活中，还是有些人忽略了这一点。

现代人对于时间的安排，已经到了分秒必争的地步。区区5分钟、10分钟对你来说也许不算什么，却可能给对方带来严重的影响。所以在时间安排方面，应尽量配合对方。原则上，如果对方的地位高，而且工作忙碌，那么应提早联络，约定拜访的时间。不过相对而言，约得越早，其间发生

拜访别人，最好提前预约，不要贸然前往

孙总就在这儿工作，我上去拜访一下……

孙总肯定没想到我会突然来拜访他。

办公室

在开会啊？

哦，小陈，有事吗？

变化的可能性越大，因此，要把握理想的拜访时间。

当你前往别的公司拜访时，你所代表的不只是自己，还代表了整个公司。因此，你的言行举止必须要得体，否则就会损及公司形象。

首先是在拜访之前，必须先与对方取得联系，这是基本的原则。此外，事先和对方约好的时间、地点一定要严格遵守。

严守时间是与人会面的必要条件。如果对方是重要的人物，其行程表多半排得很紧凑，你即使只迟到5分钟或10分钟，亦足以在对方心目中留下不好的印象。

出发前应将交通阻塞或其他意外因素考虑在内，比约定时间至少提早5分钟，最好是提早10分钟抵达，抵达后不妨顺便把预备和对方讨论的内容在脑海中过一遍。

万一中途发生意想不到的事情时，预料将会延迟抵达或必须取消会面，应尽早与对方取得联系，以便重新约定见面时间，并且对于这一变故让对方尽早做出调整。

礼仪点睛

　　拜访他人前先打个招呼，让人有个心理准备，这是对人的尊重，也是办好事情的前提。如果突然降临，会给人一个措手不及，那别人不会对你有什么好印象，交际也就不会那么顺利了。

选择恰当的拜访时机

有两个青年，一个叫杰克，一个叫约翰。他们不约而同去某个海岛寻找金矿。到那个海岛的船很少，半个月一班。为了赶上这趟船，两个人都日夜兼程地走了好几天。当他们双双赶到离码头还有一百米时，船已经起锚了。

天气奇热，两个人都已口渴难忍。这时，正好有人推来一车柠檬茶水。眼看船已经鸣笛发动了，杰克只瞟了一眼茶水车，就飞快地向船跑去。但约翰却想：喝一杯茶也来得及。

杰克跑到时，船刚刚离岸一米，于是他纵身跳了上去。而约翰因为喝茶耽搁了几秒钟，等他跑到时，船已离岸五六米了。于是他只能眼睁睁地看着船一点点儿远去……

时机，是一个很重要的字眼，登船要抓住时机，做事要把握时机，拜访也不例外，要选择正确的时机。

拜访是日常生活中常见的交往现象，懂得应酬的人往往都十分注意拜访的时机，这样不管是日常应酬，还是求人办事，都会收到不错的效果。那么，如何选择好拜访的时机呢？

（1）拜访应选择适当的时间，如果双方有约，应准时赴约。万一因故迟到或不得不取消拜访，应立即通知对方。

（2）到达拜访地点后，如果与接待者是第一次见面，应主动递上名片，或自我介绍。对熟人可握手问候。

（3）如果接待者因故不能马上接待，应安静地等候。需要注意的是，有抽烟习惯的人，要注意观察该场所是否有禁止吸烟的警示。如果等待时间过久，可向有关人员说明，并另定时间，不要显得不耐烦。

（4）谈话时开门见山，不要海阔天空，浪费时间。

（5）与接待者的意见相左，不要争论不休。对接待者提供的帮助要致以谢意。

（6）要注意观察接待者的举止、表情等。当接待者有不耐烦或有为难的表现时，应转换话题或口气；当接待者有结束会见的表示时，应立即起身告辞。

礼仪点睛

拜访时，应先轻轻敲门或按门铃，当有人应声允许进入或出来迎接时方可入内。敲门不宜太重或太急，一般轻敲三下即可。切不可不打招呼擅自闯入，即使门开着，也要敲门或以其他方式告知主人有客来访。

拜访外国人时应注意的礼节

李大爷的女儿找了一个外国老公，这次一起回国来看望李大爷。邻居王大妈老俩口听说了，就直接去"看望"了。

门开了，老外用生涩的汉语问："你们要干吗？"

"老李不在家啊！"老俩口一边说着一边往屋里走。

"你们不能进去，再不出去我就报警了！"老外见有"陌生人"闯进家里，立刻警惕地说道。

不同的国家有不同的文化和风俗差异，所以，我们在拜访外国朋友时一定要了解这一点，严格遵守国际礼仪规范。以下是拜访外国朋友时的一些注意事项，年轻人应了解一下：

1. 要有约在先

拜访外国人要事先约定，不约而至是非常不礼貌的。尽量避免前往其私人住所进行拜访，也不要在对方不方便的时间去拜访。外国人普遍认为，要尊重交往对象的个性独立，维护其个人尊严，尊重其个人隐私。即使是家人、亲戚、朋友之间，也必须相互尊重个人隐私。所以与外国友人相处时，应当尽量回避对对方个人隐私的任何形式的涉及。

2. 要守时践约

这是尊重交往对象的表现。万一因故不能准时抵达，要及时通知对方，当然也可将拜访另行改期，但要记住向对方郑重其事地道歉。

3. 懂得通报

拜访时，在进入对方的办公室或私人居所的正门之前，要先向对方进行一下通报。

4. 登门有礼节

当主人开门迎客时，务必主动向对方问好，互行见面礼节。倘若主人一方不止一人时，则在先后顺序上应合乎礼仪惯例。标准的做法是先尊后卑，由近而远。

然后在主人的引导下，进入指定的房间。倘若自己到达后，尚有其他客人在场，应当先问一下主人，自己的到来会不会影响对方。在拜访外国友人之前，要随身携带纸巾、擦鞋器与爽口液等。入室后要除去帽子、墨镜、手套和外套。

5. 要举止有方

与主人或其家人进行交谈时，要慎择话题。与异性交谈时，要讲究分寸。对于主人家里遇到的其他客人要表示尊重与友好。若遇到其他客人较多，要以礼相待，一视同仁，切勿厚此薄彼。在主人家里，不要随意脱衣、脱鞋和脱袜，动作也不要嚣张而放肆。未经主人允许，不要在主人家中四处乱走，随意乱翻、乱动、乱拿主人家中的物品。

6. 要适可而止

不要停留时间过长，打乱对方其他的既定日程。一般情况下，礼节性

的拜访，尤其是初次登门拜访，应控制在一刻钟至半小时之内。最长的拜访也不宜超过两个小时。

自己提出告辞时，虽主人表示挽留，仍须离去，但要向主人道谢，并请主人留步，不必远送。在拜访期间，若遇到主人有其他重要的客人来访，或主人表现出为难之意时，应知趣地告退。

礼仪点睛

到外国朋友家里做客，一定要注意尊重外国朋友的生活习惯。对韩国人、日本人来说，进门脱鞋已经是一种生活习惯了。他们认为在外面走路，鞋子上会有很多灰尘，穿着鞋进屋会把房间弄脏。

探望病人
要知道的礼仪常识

探望病人是我们每个人在日常生活中都会遇到的情况，如果探望时说话不当，则会带来不好的影响。

有位青年去探望久病的舅母时，关切地询问她："您饭量可好？"谁知一句问候话，却让他舅母满面愁容。她忧心忡忡地说："唉，不要谈它了！"弄得这位青年十分尴尬，只讷讷地说了几句安慰话后，就匆匆地离开了。原来，他舅母病势沉重，最苦恼的就是吃不下饭。他问到的正是舅母日夜忧虑的问题，致使谈话气氛很悲凉。

在应酬中，看望病人在所难免。要清楚，不管在身体上，还是在心理上，大多数病人都很脆弱，需要周围人的关心，希望在遭受疾病和伤痛的折磨时，获得安慰，以增强战胜病魔的力量和勇气。那么，如何看望病人才能有助于他们的康复呢？

1. 看望病人要带礼物

很多人喜欢给病人送鲜花和水果，但要注意，有些病人或同病房的人

探望病人要注意探视时间

可能对花粉过敏，或者患呼吸道疾病，不适宜呼吸有花粉的空气。另外，病人如果是住院的话，大家探病都送鲜花，也容易影响狭小病房内的其他病人。此外，特别要注意的是，一些糖尿病人和肠胃病人不能吃水果。其实，图书、画册、羊毛毯、保温杯等都可以送给病人。

2. 神情要轻松关切

不要显得过于担心，见到病人治疗用的针头、皮管及其他医疗器械，不要表现出惊讶的神态，以避免给病人带来压力。

3. 话题要轻松

注意不要滔滔不绝地说话，对于一些不便当着病人的面交谈的话题，可在离别时与其亲属到门外再谈。

4. 要适时告辞

告辞时，应该问一下病人是否有什么需要帮助的，并嘱咐病人安心养病，好好休息。

礼仪点睛

探望病人，时间最好选在10：00～12：00之间，尽量不影响病人休息和用餐；送花之类的礼物时不要太刺鼻，花香味太重容易影响睡眠；与病人交谈语调要适中，不要过于洪亮；最后注意，时间要掌握好，不要太短或太久。

礼貌接待来访者

"你好，请问××的办公室怎么走啊？"一位体型偏胖的中年妇女问某公司的前台小姐。

前台小姐瞥了一眼这个中年妇女，不予理睬，继续打电话。中年妇女只好在一旁等待，一刻钟后，前台小姐终于挂了电话。

"请问……"还没等中年妇女说完，前台小姐就一脸不耐烦地说："你有什么事啊？提前预约了吗？"

"我是王总的姐姐，他说让我直接来这里找他。"一听这话，前台小姐顿时傻了眼。

接待来访者可以说是日常生活中必不可少的工作。不管对方是什么人，我们在接待中应注意自己的礼仪，做到得体接待，这样才不会让自己处于"危机"之中。在接待中，一般要注意以下事项：

（1）对来访者，应起身握手相迎，对上级、长者、客户来访，要起身上前迎候。

（2）不能冷落了来访者。如果自己有事暂不能接待，一定要安排助理或相关人员接待客人。

（3）认真倾听来访者的叙述。大多数人是"无事不登三宝殿"的，因此来访者一般都是有事而来，所以要认真听其讲话。

（4）不要轻率地对来访者的意见和观点表态，应思考后再作回复，对一时不能回答的，要约定一个时间后再联系。

（5）对能够马上答复的或立即可办理的事，应当场答复，迅速办理，不要让来访者等待或再次来访。

（6）正在接待来访者时，有电话打来或有新的来访者，尽量让助理或他人接待，应尽量避免中断正在进行的接待。

（7）礼貌地拒绝来访者的无理要求或错误意见，不要刺激来访者，使其尴尬。

（8）要结束此次接待时，可以婉言提出，也可用"起身"的身体语言暗示对方。

礼仪点睛

接待，是人际交往中经常会遇到的情景。做得好，会加深朋友之间的友谊，促进与客户的合作，获得别人的好感；反之，有失礼仪，会让朋友疏远你，会让客户离开你，会让别人心里不舒服。

拜访是一种很重要的应酬方式，
不管是见家长还是见客户，
都十分有讲究，
没有人喜欢你的"突然造访"。
所以在拜访之前，
一定要先和对方打好招呼。

为人处世礼仪

第十章

相识容易相处难，而我们大部分的时间都在与人相处：与同事相处、与合作伙伴相处、与朋友相处等。所以，要想与别人融洽地相处，做一个受欢迎的人，懂得相处礼仪是非常有必要的。

给别人更多的赞美，而不是批评

过多的批评，容易使一个人变得不自信，甚至使一个人开始自暴自弃。对比批评给人带来的伤害，赞美则要好得多，它更容易让人接受，也能更好地改善人际关系。

有一户人家刚搬到一个新住处，由于人地生疏，与邻居的关系总是不太好，常常发生口角。他们开了一个小店，生意也很差，为此这户人家的女主人就去请教一位智者，智者对她说了三个字——说好话。

这家女主人当即领悟了，她决定按照智者的话去做。从此以后，她一见到邻居老太太，就夸她精神好、气色好；遇到邻居买菜，就夸她篮子里的菜又新鲜又便宜；碰到邻居送儿子上学，就夸邻居的儿子又聪明又懂事；要是有人到她的百货店买东西，见到年长的她就叫大娘、婶子和叔叔、大爷，见到年纪相仿的就叫姐妹、兄弟……

结果没过多久，这家人在镇上就小有人缘了，生意也开始红红火火。

世界上，有谁不喜欢被别人赞美呢？可以说喜欢被人赞美是人的一种天性。而且，从社会心理学角度来说，赞美是一种有效的交往技巧，能缩

由衷地赞美他人，会拉近彼此距离

短人与人之间的心理距离。

还有这样一个故事，说的就是这个道理：

甲乙两人在一家公司任职，一次，两人闹了矛盾。有一天，甲对另一同事丙说："你去告诉她（乙），我真受不了她，让她改一改她的坏脾气……"丙说："好，我会处理这件事的。"丙果真去找了乙。之后，当甲遇到乙的时候，果然觉得乙不再那么盛气凌人了，而且还跟甲友好地打招呼。在以后的日子里，乙变得和气又有礼貌，与从前相比，简直是变了一个人。甲就向丙表示谢意，并且好奇地问："你是怎么说服她的？"丙笑着说："我只是跟她说，有好多人都称赞她，尤其是你，说她又温柔又善良，不光人长得漂亮，脾气也好，如此而已。"

同是一棵树，有的人看到的是满树的郁郁葱葱，而有的人却只看到树梢上的毛毛虫。为什么他们对同样一件事物，会有两种截然不同的看法呢？原因就在于有的人懂得赏识、赞美，而有的人只会用挑剔、指责的眼光看待事物。

批评和指责别人，非但很难解决问题，而且还容易让人与人之间关系恶化；相反，如果采用赞美的方法，问题就容易解决得多了。法国名人拉罗什富科曾说："理智、美丽和勇敢的赞扬提高了人们，完善了人们。"所以，在人际交往中，我们不妨尝试着去赞美别人，努力去挖掘他人的闪光点。

礼仪点睛

与人相处的时候，如果别人做事的方法不符合你的要求，你不能当面指责，这只会引起对方的"反抗"。而巧妙地暗示对方注意自己的错误，则可以轻松地把事情处理好。

不做"鸡蛋里挑骨头"的人

有两位雕塑家在当地享有盛名，可是两人谁也不服对方，总是互相挑剔。有时，两人还对着记者互相批评："他最近一部作品的结构比例严重不协调！"要不然就是："他的刀法过于粗糙，不知道是在表现什么！"这两人针锋相对，各说各的是，各说对方的不是。

有一次，两位雕塑家为了参加一个国际大展，夜以继日地在各自的工作室雕塑了三个月，最终完成了两个绝好的作品。

在去参展的途中，二人拿出自己的作品向对方炫耀："我这作品绝对是一流的，就等着拿奖呢！"另一方也不示弱，指着对方的作品说："就你这作品，胳膊都是扭着的，还拿奖呢！""那也比你的强，你看你的，眼睛不像眼睛，鼻子不像鼻子……"就这样他们你一言我一语斗起嘴来，最后居然动起了手。

突然"咣当"一声，他们的作品一不小心都摔碎了，没日没夜做了三个月，一下子全泡汤了。

生活中，喜欢挑剔别人的人很多，这些人只看到别人的不足，而看不到自己的短处。吹毛求疵降低了我们的生活质量，我们有时精神萎靡、心境恶劣、疲惫不堪，不正是由于过分注重一些毫无价值的小事才引起的吗？

吹毛求疵者的眼光总是非常狭隘的，他们往往只顾眼下，不管将来；只计较细小的事情，没有远大的计划……有这种性格的人，必将使自己的精神境界局限于一个极小的范围，逐渐变得自私、冷漠、吝啬、苛刻，最终失去一切感情，失去一切友谊。

对待生活中的其他事也是如此。一个健康的人，有时感到不愉快、不舒畅，容易对一些过去的事情感到惋惜和悲伤，这都很正常。但大多时候应该是积极的，想得开，放得下，朝前看，这样才能从琐事的纠缠中超脱出来。假如对生活中发生的每件事，都寻根究底，去问一个为什么，那实在既无好处，又无必要，而且破坏了生活中的情趣。

这时，你不妨放松自己的神经，对于那些鸡毛蒜皮的小事，完全可以撂下不管，更没必要钻进牛角尖，细细考证，吹毛求疵。

只有对一些小事"模糊"处理，才能真正品味到生活的乐趣，也才能有充沛的精力去处理"大事"，进而有所发现，有所领悟。这样，心境也就自然日益变得舒畅起来。

礼仪点睛

无论你是否对你的人际关系或生活的某些方面吹毛求疵，还是两者都有，你所需要去做的只是将"吹毛求疵"作为一个坏习惯"注销"掉。如果你不常去挑剔你的伙伴或朋友，你就能得到他们的喜欢，你的生活就会更加美好。

既要有所问，又要有所不问

与别人交往时，总离不开"问"。在"发问"过程中，二十几岁的年轻人要懂得把握好其中的度，做到有所问，有所不问。

有时候该问的，要"明知故问"，这样对方会认为你很关心他，所以对你会产生好感。明知故问，就是明明知道也要问。比如，问对方最得意的事，问对方最想让大家知道的事，问对方想说又不便主动说的事，只能借你的口说出的事。这样，你就可以赢得对方的好感，使双方的关系更加亲密。

但日常交际中，有些不该问的东西，即使你想问，也不要去问，比如，"你今年多大啦？"或"为什么还不结婚呀？"等等，这些话题，有时对方不便作答，自然而然会对你的问话很反感，会因此而讨厌你。

有些人是无事不问，他们最喜欢探问别人的私事及"秘密新闻"。有时为了增加他闲谈的话题，或仅仅是为了满足好奇心，即使与自己无关的事，仍然喜欢追问到底。如果是对对方适当的关心，会令对方觉得舒心，但若是喋喋不休，"心术不正"，则会令对方厌烦你。

人到了一定的年龄而不结婚，似乎变成了"众矢之的"，于是经常有人关心，甚至"严重关切"。一旦遇到认识的人时，总会被问道："你怎么还不结婚？"或"什么时候请喝喜酒啊？"

结不结婚，其实是个人问题。每个人都有其自己的人生观和婚姻观，你结婚并不表示别人也要结婚。但个别人却表现出"极度关心"的样子，有的人还偷偷打听"他长得也不错，怎么还不结婚？"，这种极度无聊的问题往往会令对方鄙视你。

每个人内心深处都有一种维护自己内心秘密的本能冲动，遇到别人不得体的询问时，就可能产生排斥心理，这就造成一种有时问者尚不经意，被问者常常不由心生厌烦，厌烦这种交际方法，甚至厌烦这个问话的局面。

无事不问会使你变得浅薄庸俗，也不可能使你获得真正的朋友。因此，与别人交谈时，有些话题是不宜问的。例如：

"你哪年出生的？"

"你一个月挣多少钱？"

"你为什么还不结婚？"

"你是不是在外面有份兼职？"

打听这些涉及个人隐私的问题会惹人反感。

在你打算问对方某个问题的时候，最好先在脑中过一遍，看这个问题是否会涉及对方的隐私，如果涉及了，要尽可能地避免，这样对方不仅会乐意接受你，还会对你产生好印象，为继续交往打下良好的基础。

对方不知道的问题不宜问。

如果你不能确定对方能否充分地回答你的问题，那么你还是不问为佳。如果你问一位医生："去年本市的肝炎病例有多少？"这个问题对方很可能就答不上来，因为一般的医生谁也不会去费神记这些数字。要是对方回答说"不清楚"，就不仅使答者失颜面，问者自己也会感到没趣。

有些问题不宜刨根问底。

比方说，你问"对方住在哪里"，对方回答说"在北京"或说"在香港", 那你就不宜再问下去。如果对方高兴让你知道,他一定会主动地说出具体住在哪里,而且还会说"欢迎光临"之类的话。否则,别人不想让你知道,你也就不必再问了。此外,在问其他类似问题时,也要注意掌握问话尺度,要适可而止。

不要问同行的营业情况。

同行相忌,这是一般人的心理,在激烈竞争的社会里,往往人都不愿意把自己的营业情况或秘密告诉一个竞争对手。因此,即使你问到这方面的问题,大多时候也只能自讨没趣。

在人际交往中,不该问的想问也不要问。凡对方不愿意别人知道的事情都应避免问。要时刻记住一点,交往的目的是引起对方的兴趣,不是使任何一方感到没趣。

礼仪点睛

有些话,最好还是留在心里,勿说较好。况且,属于你自己的事,对别人说得那么透彻,对你不见得有好处,或许还会惹出点儿对你不利的事。

宁可犯错，不要犯忌

人常说："不打勤的不打懒的，专打不长眼的。"每个人都有一些忌讳，如果你在无意之中触犯了别人的忌讳，就会在无形之中得罪对方。所以在工作和生活中，与他人进行言语上的交流时，一定要眼观六路、耳听八方，千万不要触犯了别人的忌讳。

康熙皇帝在年轻时励精图治，创下不少功业。但到了晚年，却有了一个怪脾气——忌讳人家说"老"字。如果有谁说"老"字，他轻则不高兴，重则给对方治罪。所以，左右的臣子们一般情况下都尽量回避说"老"字。

有一天，天气风和日丽，康熙便带着几个皇妃在后花园垂钓，不一会儿，鱼竿一动，他连忙举起钓竿，只见钩上钓着一只老鳖，心中好不喜欢。谁知刚刚拉出水面，只听"扑通"一声，鳖却脱钩掉到水里又跑掉了。康熙长吁短叹连叫可惜，陪同在康熙身旁的皇后见状连忙安慰说："看样子这是只老鳖，老得没牙了，所以衔不住钩子了。"

皇后话音还未落地，旁边一个年轻的妃子就忍不住大笑起来，而且一边笑一边不住地拿眼睛看着康熙。康熙见了不由得龙颜大怒，他认为皇后

为人处世，千万不要犯忌

赵董事长一只胳膊不灵活，我们祝贺时不要说"身体健康"等字样。

好的，我们记下了。

董事长，祝您新年愉快，希望在您的领导下，公司早日实现上市目标。

好，干杯！

是言者无心，而那妃子则是笑者有意，是"含沙射影"，笑他没有牙齿，老而无用了。于是将那妃子打入冷宫，终身不得复出。

　　年轻的妃子因为"笑了笑"而被打入了冷宫，除了她在康熙心中的"地位"不够重要外，很大一部分原因在于她不懂得言语博弈中的智慧，触犯了皇帝的大忌。康熙由于上了年纪，体力和精力都有所下降，但又不肯承认这个现实，而且也希望他人在客观上否认这个现实，故而一旦有人涉及这方面的话题，他心理上就承受不了。虽然表面看来，是皇后说出那句话，是皇后触犯了《大忌》，但由于皇后与妃子与康熙的感情深浅不同。皇后说的话，仔细推敲一下，有显义和隐义两种意义，显义是字面上的意义，因为康熙与皇后的感情较深，他产生的是积极联想，所以他只是从字面上去理解，知道皇后是好心安慰。妃子虽然没有说话，只是笑了一笑，但康熙认为她是在皇后的基础上故意引申，是把那只逃掉了的老鳖比作他自己，是对他的鄙视，因而是大不敬，故而惩罚了那个妃子。
　　一般说来，人不怕犯错，最怕犯忌。犯错，可以说是"各人造业各人担"，是一种疏失，可以避免；犯忌，则是自己招惹是非，无法补救。

礼仪点睛

　　年轻人在与人交往的时候，不仅应避免触犯别人的忌讳，同时也应注意不要提及与其忌讳相关联的事情，以免引起对方的误会，使对方的自尊心受到无谓的伤害，从而影响自己的人际关系。

不要轻易伤人

《论语》里有这样一段话："多闻阙疑，慎言其余，则寡尤。多见阙殆，慎行其余，则寡悔。言寡尤，行寡悔，禄在其中矣。"

这段话中暗含着深刻的博弈智慧，即在言语博弈中，多听、多看、多思、多想，谨言慎行才能寡悔。我们一定要善于控制自己，明白什么是应该说的，什么是不可以说的。永远别说不该说的话，否则只能是伤人伤己。

俗话说："蚊虫遭扇打，只为嘴伤人。"在言语博弈中，许多人总是不加思考、滔滔不绝地讲话，很少考虑别人的感受和自己将面临的后果。结果当时确实在口头上胜过了对方，但却深深伤害了对方的"尊严"，对方可能从此记恨在心。

三国名将关羽，他的英雄事迹有温酒斩华雄，匹马斩颜良，偏师擒于禁，擂鼓三通斩蔡阳……可谓神勇无敌，战无不胜。

然而，这位叱咤风云、威震三军的一世之雄，下场却很悲惨，他居然被吕蒙一个奇袭，兵败地失，被人割了脑袋。

关羽兵败被斩的最根本原因是蜀吴联盟破裂，吴主兴兵奇袭荆州。吴蜀联盟的破裂，原因很复杂，但与关羽其人的骄傲有着密切的关系。

诸葛亮离开荆州之前，曾反复叮嘱关羽，要东联孙吴，北拒曹操。但他却对这一战略方针的重要性认识不足。他瞧不起东吴，也瞧不起孙权，致使吴蜀关系紧张起来。关羽驻守荆州期间，孙权派诸葛瑾到他那里，替孙权的儿子向关羽的女儿求婚，"结两家之好"，"并力破曹"。这本来是件好事，以婚姻关系维系补充政治联盟，历史上多有先例。如果放下高傲的架子，认真考虑一番，利用这一良机，进一步巩固蜀吴的联盟，将是很有益处的。但是，关羽竟然狂傲地说："吾虎女安肯嫁犬子乎？"

不嫁就不嫁嘛，何必如此出口伤人？试想这话传到孙权那里，孙权的面子如何挂得住？又怎能不使双方关系破裂？

关羽的骄傲，使自己吃了一个大大的苦果，最终被自己的"盟友"结束了生命。

给人面子，是人际交往中的一个重要方面。中国人是尤其讲究面子的，这种偏好源自五千年的文化，又扎根于伦理型的社会人际关系中，根深蒂固，几乎无人能够幸免。

好面子，其实就是要做到一团和气，要"以和为贵"。人人头上有青天，各自相安无事，自然皆大欢喜，这是中国人处理人际关系的一个独特方式。从中国人在饭馆争着付钱到婚娶喜宴上的"见面礼"，无不透露出中国人的"面子"哲学。因此，就中国的传统而言，在公共场合，都是比较注重面子的，不但给别人面子，自己也要争面子。

给他人留面子，既是对别人的尊重，也能让自己得到善果。

每个人都有自尊心，无论他的身份有多卑微。只有你尊重别人，别人才会尊重你。

生活中，有些人自视甚高，他们觉得自己很重要，却忘了别人也需要这种感觉。他们在不经意间流露出对别人的轻视，于是受到大家的疏远，甚至憎恨。

人人都可能做出让别人尴尬的事情，生活中也随时可能碰到尴尬的事情。处于尴尬境地的人一定会觉得颜面尽失，在这个时候如果你能为他找一个台阶下，不但能立刻博取对方的好感，而且也会为自己树立一个良好的社交形象。

礼仪点睛

花不可开得太盛，盛极必衰；话也不可说得太满，满必有所失。在言语博弈中，把话说满了往往会掐断自己的退路，从而在交际场合招致误会，为自己留下隐患。

多站在对方立场上思考问题

有一个男孩，他在生日那天收到了爷爷送的礼物——一只可爱的小乌龟。男孩非常喜欢这只小乌龟，总是试着与它玩耍。然而，小乌龟却害羞似的一下子就把头和脚都缩进了壳里。男孩便用棍子捅它，想把它从壳里赶出来，但是小乌龟却丝毫未动。

爷爷看到小男孩的举动，便语重心长地对他就："孩子，不要这样对待小乌龟，你要学着'将心比心'啊。假如你的伙伴也这样对你，你还愿意跟他玩吗？"还没等男孩说话，爷爷已经把小乌龟带进了屋里，放在暖和的壁炉旁。不一会儿，小乌龟伸出了头和脚，并缓慢地向男孩爬去。

在人际交往中，我们经常会听到一个词——将心比心。那么，怎样才能算是将心比心呢？从社会心理学的角度来讲，将心比心其实就是换位思考。所谓换位思考，就是要把自己设想成别人，站在别人的角度考虑问题。很多时候甚至需要暂时抛开自己的切身利益，去满足别人的利益。其实，利益在很多时候是互相关联的，你能考虑别人的利益，别人也会考虑你的利益。也就是说，要想和小乌龟成为好朋友，就要站在小乌龟的立场来思考问题。小乌龟也需要温暖，只有给他温暖，他才能接受你，与你做朋友，而棍子只能增加它的恐惧，使它更加疏远你。

然而，值得注意的是，真正的换位思考是一个"移情"的过程，要从内心深处站到他人的立场上去，要像感受自己一样去感受他人。不幸的是，许多人的换位思考却缺少了"移情"这一根本要素。他们或是站在自己的位置上去"猜想"别人的想法及感受，或是站在"一般人"的立场上去想别人"应该"有什么想法和感受，或是想当然地假设一种别人所谓的感受。这样的换位思考，其实仍局限于自己设定的小圈圈之中，绝对无法体验他人真正的感受和思想。只有真正地"移情"，设身处地为他人着想，换位思考才能起到积极的作用。

礼仪点睛

对待朋友应该将心比心，要站在对方的立场上思考，考虑对方的利益，这样一来，对方也会将心比心，考虑你的利益，与你成为好朋友。

顾大局需要的是智慧

很多人拥有远大的理想，但是在面对他人或者团队的利益时，总是只顾自己一时的得失。

赵国有两个有名的大臣：一个是蔺相如，他几次奉命出使他国，立下赫赫功劳，深得国君的赏识与重用，被封为丞相；另一个是老将军廉颇，廉颇一生打了很多胜仗，因此他很少把别人放在眼中，居功自傲。他看到蔺相如官位在自己之上，对此不服，屡次故意挑衅，而蔺相如总是以国家大局为重，不予计较。

有一天，蔺相如坐车出门，正好遇见廉颇骑着高头大马过来，蔺相如赶紧叫车夫把车往回赶。他的仆人很不解地问："为什么您见了廉颇像老鼠见了猫，他有什么好怕的！"

蔺相如对仆人说："廉将军和秦国的君王比，谁厉害？"仆人说："当然是秦国的君王厉害！"蔺相如说："秦国的君王我都不怕，还会怕廉将军吗？大家知道，秦国不敢进攻我们，就因为武有廉颇，文有蔺相如。如果我们两个人闹不和，就会削弱我国的力量，秦国必会乘机来攻打我们。"

蔺相如的话传到了廉颇的耳朵里，廉颇才觉悟到：原来自己为了争一口气，不顾国家的利益，真不应该！于是，他脱下战袍，背上荆条，到蔺相如家请罪。蔺相如见廉颇来请罪，连忙出来迎接。从此以后，他们两人成了好朋友，同心协力保卫国家。

这个故事有一个专门的成语，叫做"负荆请罪"，蔺相如如果斤斤计较，和廉颇明争暗斗，最后的结果可能是他们两人两败俱伤。

生活中，我们可以发现，很多优秀的人才，他们自身的技能是无与伦比的，但是他们太过自负，就会忘记自己的局限，而将别人的想法和团队的想法弃之不顾。这样的人是最容易被踢出局的，原本想获得更多，结果却一无所获，这不是一种讽刺吗？

美国有一个年轻人，他特别想发财，一天到晚想着自己怎样才能成为百万富翁、亿万富翁。于是，他登门请教当时富豪榜排名第一的美孚石油公司总裁洛克菲勒。

刚好那天洛克菲勒家里的佣人放假了，于是洛克菲勒拿出一个西瓜来招待这位年轻人。他把西瓜切成了大小不等的三块，然后对年轻人说："如果这三块西瓜代表你以后可能得到的利益，你如何吃才划算呢？"

"当然是吃最大的那块！"这位年轻人果断地拿起那三块西瓜中最大的一块，吃了起来。洛克菲勒则选择了其中最小的一块吃了起来。就在年轻人还在吃那块最大的西瓜时，洛克菲勒已经吃完了那块最小的西瓜，随手又拿起了另外那块，然后冲着年轻人哈哈大笑起来。

这时，年轻人一下子明白了其中的道理。这三块西瓜，虽然他拿的那块最大，但是洛克菲勒吃的"两小块"加起来，比他吃的那一块大多了。

吃完西瓜，洛克菲勒跟年轻人讲起了自己成长与发财的经历。最后，洛克菲勒对年轻人说："要想成功，你先要学会放弃眼前的那些'小利'，这样才能获取长远的'大利'，这就是我的成功之道。"

不要只顾自己部门的利益

洛克菲勒教给年轻人的致富秘籍就是要目光长远，"抓小放大"。这就像"田忌赛马"一样，头一局输了，并不表示你会全盘皆输，赢回后两局更重要。

礼仪点睛

生活中，不仅做事情要顾全大局，与人交往也一样，也要多替别人想想，不要因为一时的冲动或者自己喜欢就随心所欲。其实，只有识大体、顾大局的人才容易被人重视和肯定。对此，年轻人一定要谨记于心。

与人相处，别太"小心眼"

有一些人喜欢捣蛋——这些人可能是你的朋友、同事或者是爱人。在公共场合，他们会把你突然搂住，然后提起一件你"讳莫如深"的往事，有恃无恐地出你的"丑"，或是公开你的"隐私"，或是阔谈你干过的"傻事"和闹出的笑话。如果这时你生了气，就显得你的神经太过敏，太缺乏幽默感。

雯雯一直深深记得这么一件尴尬的事。前年3月31日，她接到无话不说、无心不谈的好朋友邹敏的电话，说晚上一帮朋友聚餐，请她务必光临。

没说的，好朋友之约，就是天上下刀子也得出席。当天晚上，精心打扮的雯雯按时赴约了。十多个朋友在包房里边吃边侃，极其开心，几个小时就这样不知不觉地过去了。

"雯雯，雯雯，你说我该怎么办？我……我爱上了黄炜，你把他让给我好不好，好不好嘛？"突然，邹敏举着酒杯，摇摇晃晃地向雯雯走来。

"你说什么？"听到有人公然宣称要自己让出男朋友，雯雯有些目瞪口呆。

"我说雯雯，好东西要和好朋友分享，你别那么小气嘛。我可是有什么好东西都没忘了你呀！再说啦，黄炜也不反对呀！"邹敏扔下了一颗"重磅炸弹"。

"你不要脸！你还是不是人啊，觊觎人家的男朋友，我瞎了眼，才会把你当朋友！"雯雯一急，就有些口不择言了。

"更正，我不是觊觎你的男朋友，我们是两情相悦。他已经有两星期没有找你了吧？他骗你说出差了，实际上啊，是和我在一起！"邹敏不停地火上浇油。

"我给你拼了！"雯雯再也忍不住了，张牙舞爪地冲向邹敏。

邹敏灵活地在众人之间穿来穿去，一帮朋友在一边袖手旁观，雯雯气得号啕大哭起来。

"停！游戏到此结束。现在是4月1日凌晨，雯雯，愚人节快乐！"一位朋友见此情景，忍不住揭穿了谜底。

"你们……"雯雯顿时明白了这是愚人节的玩笑。想到自己不顾形象，追打"死党"，涕泪交流的模样，雯雯心里很不好受。

但她灵光一闪，笑着说："我的演技不错吧，这是'谍中谍'。"

从而转移了话题，化解了尴尬。

与其让一群好朋友不欢而散，倒不如像雯雯一样，在关键时刻封杀自己的"小心眼"，利用自己的大度和智慧化解尴尬，让这场善意的闹剧成为一个缓解气氛的游戏。

礼仪点睛

一旦任由嫉妒心理发展，你就会疏远那些优秀的人，从而阻碍了自己的发展。所以，年轻人，收起你的嫉妒吧。

在为人处世中，

学会换位思考，

做到将心比心，

设身处地为他人着想，

才能交到更多的朋友。

应对突发事件礼仪

第十一章

做事要有计划，但有时计划往往赶不上变化，这里的"变化"就是指突发事件。面对突发事件，如何巧妙应对，对年轻人提出了很高的应变能力要求。尤其是在社交场合，面对无理取闹、故意刁难等行为，处理得巧妙，不但能化解尴尬和分歧，还有可能化干戈于无形。

面对无理取闹，能绕则不迎

　　张林和婆婆一直相依为命，和楼下的林女士也一直相安无事。但林女士的丈夫因车货不幸去世后，林女士就莫名其妙地开始找张林家的麻烦，有事没事的时候就跑到张林家大吵大闹，说她丈夫的死与张林家"太吵"有关。

　　自此以后，一到晚上，林女士就用木棒使劲敲打自家的天花板，使得住在楼上的张林和婆婆根本没有办法好好休息。张林对林女士的所作所为感到很气愤，准备去找林女士理论一番。但婆婆觉得林女士刚死了丈夫，可能心情不好才会这样，所以张林也就忍了。但是，张林的忍让，并没有换来林女士的收敛。

　　有一天，婆婆要去买菜，下楼路过林女士家门口的时候，林女士突然拉住婆婆，不让婆婆过去。嘴里说着骂骂咧咧的话！后来林女士还推了婆婆一把，使婆婆跌倒受了伤。邻居见到以后，都劝张林报警，因为林女士的所作所为，也对周围人的生活造成了很大的影响。张林便去找林女士理论，告诉林女士不要再无理取闹了，如果再这样下去，她就会报警。经过这次事件以后，林女士果然慢慢地收敛了她的行为。

在工作生活中，我们时常都会遇到像林女士这样无理取闹的人。这种人总是有意无意地给别人制造麻烦，时常让人有一种"秀才遇到兵，有理说不清"的感觉。面对这种人的无理取闹，如果针锋相对，可能不会起到任何效果，反而会让对方变本加厉。这个时候保持风度是最好的选择。张林面对林女士的无理取闹，一直都保持着做人的风度，因为考虑到林女士心里的痛苦，所以也就一直忍让着她。后来，张林也没有像邻居建议的那样选择报警，而是自己私下给了林女士一个警告，也算是顾全了林女士的面子。因为一旦报警，林女士肯定是理亏的一方，还有可能会受到法律上的处罚。

一个有风度的人，在面对他人的无理取闹时，也是彰显自己智慧和修养的时候，所以面对这种人，能绕则不迎。

礼仪点睛

年轻人易冲动，不够沉稳，急于表达自己的见解，结果往往被他人"控制"。要想拥有良好的人脉关系，有时需要必要的沉默，稳住性子，这样你才能有意想不到的效果。

面对不当要求，要拒绝有道

老周在法院工作，他好朋友的亲戚犯了法，正好由他审理，好朋友的亲戚便托老周的这个好朋友请求老周"帮忙"，并且给老周包了一万元的红包，要老周网开一面，从轻发落。如果老周接受了钱，那么就是知法犯法；而如果不接受，又可能伤了朋友之情，并让好朋友在其亲戚面前脸面无光。老周左右为难，不知如何是好。

与人相处，人们经常会遇到老周这样的情况，即面对爱人、亲人、好友等亲密之人的不当请求，许多时候，我们并不愿意答应这些请求，却又不好意思说"不"，这时就会使自己陷入十分为难的境地。如果违心地答应下来，是为自己添烦恼；如果假装答应却不做，又失信于人。

一般来说，尽可能帮助自己的亲密之人，这是人之常情。但是，面对亲密之人的不当要求，我们一定要坚持自己的原则。特别是当他们的要求有违国家法律法规，有违社会公共道德或有违家庭伦理时，我们更应坚守自己的原则立场，予以拒绝，还应帮助对方改变那些错误思想和行为。

拒绝亲密之人的不当要求是一门学问，是一项应变的艺术。要想在拒绝时既不让自己为难，又不让对方无台阶可下，这就需要掌握一些巧妙的

拒绝方法：

1. 敷衍拒绝

敷衍式的拒绝是最常用的一种拒绝方法，敷衍是在不便明言回绝的情况下，含糊回绝请托人。拒绝亲密之人的不当要求也可采用这一方法。运用这种方法时，也需要对方有比较强的领悟能力，否则难以见效。

2. 巧妙转移

面对别人的要求，你不好正面拒绝时，可以采取迂回的战术，转移话题也好，另有理由也好，主要是善于利用语气的转折——绝不会答应，但也不致撕破脸。比如，先向对方表示同情，或给予赞美，然后再提出理由，加以拒绝。由于先前对方在心理上已因为你的同情而对你产生好感，所以对于你的拒绝也能以"可以谅解"的态度接受。

总之，面对亲密之人提出的不当要求时，切忌直接拒绝。尽量使用间接拒绝的方法。从对方的立场出发，阐明自己的观点，就会使对方自然而然地接受了。

礼仪点睛

拒绝别人时，要有礼貌。任何人都不愿被拒绝，因为被别人拒绝，会使人感到失望和痛苦。当对方向自己提出不合理要求时，你要拒绝对方，也要表现出你的歉意，多给对方安慰。

面对窘境，巧用笑声化解尴尬

在日常生活中，常有人由于不慎而使我们身处窘境，或是向我们提一些非分的请求，或是问一些我们不好回答或暂时不知道答案的问题。此时，我们如果直接表明"不满意"、"不可能"、"无可奉告"或"不知道"，往往会给彼此带来不快。如果我们想从窘境中脱身而出，不妨借用幽默的力量。

有一次，英国上院议员里德在一篇演讲将近结束时，听众都很认真地望着他，都在倾耳听着每一个字，但就在这时候，突然有一个人的椅子腿断了，那个人跌倒在地上。如果这时演讲的不是像里德这样灵巧的人，恐怕当时的局面会对演讲产生一些破坏性的影响。聪明的里德马上说："各位现在一定可以相信，我提出的理由足以压倒别人。"就这样，他立刻就恢复了听众的注意，而那个跌倒的人也在别人善意的笑声中，找到了一个新座位。

这个故事给予我们的启迪是：恰到好处的幽默能够使双方都从窘迫的情形中脱身而出，里德就是依靠这一点化解了演讲中的尴尬局面。

如果我们面临不好回答的问题，而又不能以"无可奉告"进行简单说明，不妨找一个大家都能领悟的笑话来说，转移对方的注意力。

1972年，在美苏最高级会谈前的一次记者招待会上，有人向基辛格提出了一个所谓的"程序性问题"："到时，你是打算点点滴滴地宣布呢，还是倾盆大雨地、成批地发表协定呢？"

基辛格沉着地回答："你们看，他要我们在倾盆大雨和点点滴滴之间任选一个，无论我们怎么办，总是坏透了。"

他略微停顿了一下，接着，一字一板地说："我们打算点点滴滴地发表成批声明。"在一片轻松的笑声之中，基辛格解答了这个棘手的问题。

生活离不开交流，交流必然会产生或融洽或对立的话题，一旦身处窘境，面对无礼要求时，就像站在悬崖上，前面是深渊，后面是追兵。此时婉言拒绝或摆脱便成了我们必须精通的一种说话方式，而灵活的头脑和幽默的谈吐可以让我们突生翅膀，顺利飞跃到高处，摆脱进退维谷的境地。

礼仪点睛

如果我们面临不好回答的问题，而且又不能以"无可奉告"进行简单说明，不妨找一个大家都能领悟的笑话来说，转移对方的注意力，缓解尴尬气氛。

面对奚落，顺水推舟巧应对

当别人挖苦你、讥讽你的时候，你可以用语言作为"护身符"，筑起防卫的堤防。"兵来将挡，水来土掩"，你可视不同的来者选择不同的应付办法。

若判明来者不善，是怀有恶意，故意挑衅，你可以"以眼还眼，以牙还牙"，有理且有礼地回敬对手。

20世纪30年代，一次丘吉尔访问美国时，有一位反对他的美国女议员咬牙切齿地对他说："如果我是您的妻子，我会在您的咖啡里下毒药的。"丘吉尔微微一笑，平静地答道："如果我是您的丈夫，我会喝下那杯咖啡的。"

如果对方来势汹汹、盛气凌人，前来指责辱骂你，而你确信真理在手，则应保持藐视的目光、冷峻的笑容，让他尽情地发泄个够，而不予理会。

假如有人冲着你横眉竖眼，恶语中伤地骂道："你这个人两面三刀，想踩着别人的肩膀往上爬，没门！"如果你心中无愧，完全不必大发雷

面对奚落，要灵活变通巧应对

霆，倒不妨解嘲地反诘："哦！是真的吗？我倒要洗耳恭听。"然后诱使谩骂者说下去，直到对方找不到言辞了，你再"鸣金收兵"。在这种情况下，你以温文尔雅、彬彬有礼的方式笑迎攻击者，显然比暴跳如雷、大动肝火要好。

假如有人以半真半假的口吻问："你得了一大笔奖金，'发财'了吧？"如你避实就虚地回答："你也想吗？咱们一块来干吧。"语中带点儿阳刚锐气，别人再问，也不大好意思了。

假如你刚被提拔到某领导岗位，有人对此揶揄道："这下子你可平步青云，扶摇直上了吧！"你听了不必拘谨，可一笑了之："是这样吗？你算得这样准？"用这种不卑不亢的应酬方法，立即便能使对方语塞。相反，你过于计较，说出一大堆道理，倒显得太认真，反而适得其反。

如果有人用过于唐突的言辞使你受到伤害，或叫你难堪，你应该含蓄以对，或装聋作哑、拐弯抹角、闪烁其词，或顺水推舟、转移"视线"、答非所问，谈一些完全与其问话"风马牛不相及"的事，用这种委婉曲折的方法反驳对手，一定会取得奇特的功效。

遇到棘手犯难的问题，若能以幽默诙谐的方式回答，往往能化险为夷。正所谓"山重水复疑无路，柳暗花明又一村"，让难堪的局面消失在谈笑之中。

礼仪点睛

社交场合碰到别人的不恭言行，还真不能发作，但憋在心里也不好受。海明威曾说过："告诉他你不高兴，但在话中别出现'不高兴'这个词。"把表示不满的语言的感情色彩淡化一下，让对方知道你不高兴，又不至于破坏社交场合的气氛，是个不错的方式。

面对故意"捉弄",
切莫大发雷霆

小张和小王结婚,一群朋友前来祝贺,酒过三巡,朋友们喝的都有点儿多,因为都是年轻人,所以也就开始无所顾忌地闹腾起来。

小张的同学李某,平时就爱开玩笑,这会儿又多喝了些,所以就更加肆无忌惮,非要新娘子搂着自己和新郎喝酒。新娘子不肯,而李某也不肯作罢,僵持间,新娘子忽然对着李某大发雷霆。在场的人全都愣住了,不欢而散。

生活中,我们身边总会有一两个亲密无间的好朋友,有心事时共同分担,有快乐时共同分享。当然,好朋友之间开起玩笑来也就可能肆无忌惮。因为大家知根知底,所以相熟的朋友往往会开些无伤大雅的玩笑。有时,为求效果逼真,他们还会事先"串通一气",对某个人进行大肆捉弄。

不少人就在这种不知情的情况下,被"损友"捉弄,急怒攻心,一时失态,轻则让场面尴尬不已,重则朋友反目,自此不相往来。相信这些情形都是人们不愿意面对的,所以当真的出现被人"捉弄"的情况时,唯一的选择只能是随机应变,采取必要的措施来加以应对。

（1）被你的朋友捉弄时，切忌当场失态，大发雷霆，或者事后反目成仇。无论怎样，都要保持冷静，随机应变，一定能想出办法来化解尴尬。

（2）如果不能判明这是不是"圈套"，或者一时间无法证实消息的可靠性，应以不变应万变，坐在一旁，静观其变。

（3）如果已意识到不幸中了他们的"诡计"，失态又失礼时，我们可以顺势说一句："怎么样，我的演出够卖力吧？好了，现在本人鞠躬尽瘁，退场让贤了。"两句话，就让自己顺顺利利地下了台。

礼仪点睛

让人尴尬的事总是突如其来，不管你与对方是素不相识，还是相知好友，在别人突然陷入尴尬境地的时候，你都该尽可能地伸出援助之手，帮他解围。

面对当众指责，懂得"软处理"

受人指责总归是件不快之事，而受人当众指责，那更是令人窘迫难堪，尴尬至极。这是一个协作生存的社会，无论是工作中，还是生活中，每个人都难免犯错，触及他人的利益，从而引起他人的不满，导致他人对你进行指责。当然，也存在这样一种情况，错并不在你，而是一些无聊之徒，他们或抱着一种嫉妒与偏见的心理，当众对你进行攻击，目的就是要让你颜面扫地。

当有人当众对你大加指责时，你要招架住，采取灵活的应对措施，让这个尴尬氛围及时得以化解。

一次，一位不速之客突然闯入洛克菲勒的办公室，直奔他的写字台，并以拳头猛击台面，大发雷霆："洛克菲勒，我恨你！我有绝对的理由恨你！"接着那暴客恣意谩骂长达10分钟之久。办公室所有职员都感到无比气愤，以为洛克菲勒一定会拾起墨水瓶向他掷去，或是吩咐保安员将他赶出去。然而，出乎意料的是，洛克菲勒并没有这样做。他停下手中的活，用和善的神气注视着这位攻击者，那人越暴躁，他便显得越和善！

那无理之徒被弄得莫名其妙，那股怒气也就渐渐地平息下来。因为一

面对当众指责，应对态度很重要

个人在发怒时，遭不到"响应"，他是坚持不了多久的。于是，那位不速之客咽了一口气。他本是做好了"反击"准备的，并想好了洛克菲勒将要怎样回击他，他再用想好的话语去反驳。但是，洛克菲勒就是不开口，所以他不知如何是好了。

末了，他在洛克菲勒的桌子上敲了几下，但仍然得不到回应，他只得索然无味地离去。而洛克菲勒呢？就像根本没发生过任何事一样，重新拿起笔，继续着他的工作。

当有人怒气冲冲地当众对你大加指责时，你可像洛克菲勒一样采取"不合作"的态度，不理睬对方的无礼攻击。这种态度也就是给对方"最严厉"的迎头痛击。见到你如此反应，对方也就会自感索然无味，悻悻而退。成功者每战必胜的原因，就是当对手急不可耐时，他们依然保持着超常的冷静与沉着。

礼仪点晴

在一些社交场合，尤其是在一些比较正式的社交场合，经常碰到一些人提到尖锐的问题，对这些提问不能直接、具体回答，又不能不回答。这时候，就可以巧妙地用模糊语言表达自己的意见，让双方都不感到太难堪。

面对有意刁难，不要回敬过头

一个人在为人处世过程中，不免要碰到一些刁钻古怪之人，他们会在一些正式或非正式场合对你进行有意刁难。如果对刁难者进行指责，就会激起对方更激烈的反唇相讥，但若表现得过于温和，说一些拖泥带水的话。这样会让对方觉得你是一个软弱易欺负的人，没准还会找机会再刁难你。

面对别人的有意刁难，既要保住自己的面子，又不至于因回敬过头而显得无礼，这是很难的。所以，我们可以采取恰当而有效的应对措施：

方法一：请君入瓮

生活中，当对方蓄意刁难时，最好的解脱方法是采用请君入瓮的方法，巧用话语把对方也引入这种局面中，让对方作茧自缚，自食恶果。

英国文学家萧伯纳在一个晚会上，独自坐在一旁想心事。一位美国富翁非常好奇，便走过来说："萧伯纳先生，我想出一块钱来打听你在想什么？"

显然，这位富翁干扰了萧伯纳的思绪，而且他俗不可耐的话更是对萧伯纳人格的一种侮辱。

对此，萧伯纳决定给予反击。他抬头看了一眼富翁，淡淡地说："我想的东西不值一块钱。"

这下更引起了富翁的好奇，他急不可待地问道："那么你究竟在想什么东西呢？"

萧伯纳笑了笑，叹了口气说："我想的东西就是你呀！"

方法二：大智若愚

在日常生活、工作中，如果有人在非大是大非的原则问题上刁难你的话，你大可一笑了之，全当不懂对方的话，而让对方自讨没趣。

1992年的美国大选，克林顿的对手在竞选中，攻击他不过是夫人的一个木偶，言外之意是克林顿做不了一家之主，更不够格做一国之主，这句话无疑潜伏着杀机，可谓刁难至极。但克林顿却回答："不知你是竞选总统还是竞选一家之主？"一句妙答，让故意刁难他的人无言以对。

礼仪点睛

遭遇人际关系困境时要镇定，要继续有条不紊地做自己的事，同时采取一些必要的措施来消除排挤你的人对你的敌意。此外，你也要注意做事的分寸，在必要的时候保护和捍卫自己的利益。你可以忍耐，但必须有自己的底线。一味忍耐反而会助长对方的气焰。

社交礼仪个人进阶

如何成功塑造自身的形象，提高个人魅力呢？关键一点就是提高自身的气质。气质绝不是注意穿着打扮就可以拥有的，它体现在一个人丰富的内心世界、良好的品德等方面。只有内在美，才能让你在举手投足之间透露出优雅与风度。

人贵自知，
为人处世要摆正自身位置

俗话说"人贵自知"，这里的"自知"就是情商中的自我认知能力，简单来说就是有自知之明，就是对自己的身份、处境有清醒的认识，这是人际交往中不可或缺的一种能力。自知可以让你清醒地面对事态发展，自知可以让你坦然接受别人的评价，自知还可以让你在关键时刻辨明利害，避过祸端。

清代中兴名臣曾国藩最懂保身之道。攻下金陵之后，曾氏兄弟的声望，可说是如日中天，达于极盛。曾国藩被封为一等侯爵，曾国荃被封为一等伯爵，所有湘军大小将军及有功人员，莫不论功封赏。当时湘军中官居督抚位子的便有十八人，长江流域的水师，全在湘军控制之下，曾国藩所保的人物，无不得到封赏。但树大招风，朝廷的猜忌与朝臣的妒忌随之而来。曾国藩说："长江三千马，几天一船不张鄱之旗帜，外间疑敝处兵权过重，权力过大，盖谓四省厘金，络绎输道，各处兵将，一呼百诺，其相疑者良非无因。"

颇有心计的曾国藩应对从容，马上就采取了一个裁军之计。他在战事尚未结束之际，即计划裁撤湘军。他在两江总督任内，便已拼命筹钱，两年之间，已筹到550万两白银。钱筹好了，办法拟好了，战事一结束，便即宣告裁兵。不要朝廷一文，裁兵费早以筹妥了。同治三年六月清军攻下南京，取得胜利，七月初就开始裁兵，一月之间便裁去25000人，随后亦略有裁遣。

常常会有从政的人说为官就学曾国藩，足见曾国藩的智慧对后世的影响。他曾告诫他的子孙，即使达到顶峰也不可得意忘形，而应时时保持谨慎。

自知之明是为人处世的一种智慧，更是情商中非常重要的一部分内容。有自知之明才能够在任何情况下都能够很快清楚自己的处境，明白自己的优势和劣势，从而采取有针对性的方法。在社交中，如果能做到自知之明，便能有效避免尴尬，从而树立良好的社交形象。

礼仪点睛

每个人都有自己的短处，敢于承认自己的短处的人是最勇敢的人。你勇于承认自己的不足，大家会认为你是个诚实的人，值得信赖，因而就会愿意与你结交，和你成为朋友。

教养，无声的自我宣传

现代社会，我们需要走出去，我们要包装自己，宣传自己。谈到包装，很多人往往会在相貌和衣着上下工夫，其实，比相貌、服饰还重要的东西是教养，教养是对自己的无声宣传。

教养通常通过一个人的言行举止体现出来，事实证明，比起相貌，得体的行为举止更能吸引人。如果一个具有美貌的人表现出来的内在品质不好，我们也会对他嗤之以鼻；相反，一个人即使外表上不占优势，可是他的行为处处让人感到舒服，那他也是受人欢迎的。

一位先生在报纸上登了一则招聘广告，他要雇一名勤杂工到他的办公室做事。约有50多人闻讯前来应聘，但这位先生只挑中了一个男孩。

"我想知道，"他的一位朋友问道，"你为何喜欢那个男孩？他既没带一封介绍信，也没受任何人的推荐。"

"你错了，"这位先生说，"他带来许多'介绍信'：他在门口蹭掉了鞋上的土，进门后随手关上了门，说明他做事小心仔细；当看到那位残废老人时，他立即起身让座，表明他心地善良；进了办公室他先脱去帽子，回答我提出的问题时干脆果断，证明他既懂礼貌又有教养；其他所有人都从我故意放在地板上的那本书上迈过去，而这个男孩俯身拾起那本书，并放回桌子上；当我和他交谈时，我发现他衣着整洁，头发梳得整整齐齐，指甲修得干干净净……难道你不认为这些细节是极好的'介绍信'吗？我认为这比写出来的介绍信更为重要。"

在很多人看来，男孩没有介绍信，因此在与别人的竞争中自然处于劣势。可是男孩却从众多人选中脱颖而出，归根结底，就是因为他举止得体，最后让事情有了转机。由此可见，一个人的行为举止是否得体，往往关系着他做事的成败。

我们要知道，个人教养不仅是人们评价一个人的标准，更是一个人人格和胸襟的重要体现。如，有家幼儿园招聘园长，在众多的应聘者中只有一人顺利过关，其原因也是由于一个细节——大家在上楼梯时，只有她为站在那里的一个小男孩擦了擦鼻涕——而这个被大家忽略了的小男孩，是招聘者提前安排好的。

因为有爱心，所以能够注意到孩子的需要，这正是幼儿园老师所必需的素质。由此可见，个人教养总是在不知不觉中发挥着力量，而那些平时不注意提升个人品质的人，总是在机遇面前表现得一塌糊涂。

礼仪点睛

人人都渴望成功，虽然没有人能说清形象与成功之间到底具有什么关系，但有一点却是毋庸置疑的，那就是拥有好的形象，能大大提高你成功的几率。

拥有贵族般的气质和风度

你表现自己的方式往往会决定别人将会如何对待你。从长远来说，如果你看起来庸俗不堪，人们将不会敬重你；如果你像高贵的君王一样行事，那么你就会得到别人的认可与尊重。

贝多芬，人类历史上最伟大的音乐家之一。世界上有无数的人被他感动，不仅仅是他的音乐，还有他的苦难、他的欢乐、他的勇气以及他高贵的灵魂！

贝多芬总是高高昂起他那狮子般的大头颅，从不献媚于任何人，显示出比贵族还要高贵的气度。

有一次，在利西诺夫斯基公爵的庄园里，来了几位"尊贵"的客人——侵占了维也纳的拿破仑军官。当时贝多芬正住在公爵的庄园里，当这几个军官们从主人那里得知这一消息后，便让公爵请贝多芬为他们演奏一曲。贝多芬不愿为侵略者演奏，断然拒绝，他猛地推开客厅大门，在倾盆大雨中愤然离去。回到住处，他把利西诺夫斯基公爵给他的胸像摔个粉碎，并写了一封信："……公爵，你之所以成为一个公爵，只是由于偶然的出身；而我之所以成为贝多芬，完全是靠我自己。公爵现在有的是，将来也有的是，而贝多芬只有一个！"

人的生命短暂而脆弱，几乎任何东西都能置人于死地。可是，即使如此，人依然比那些东西高贵得多，因为人有一个能思想的灵魂。作为一个自然人，人并无高低贵贱之分。唯有作为灵魂的人，由于内心世界的巨大差异，才有了高贵和平庸，乃至高贵和卑鄙之分。

正如贝多芬所言，公爵是由于"偶然的出身"。这个世界上确有过无数的公爵，然而，历史最公正，当这些曾显赫一时的公爵都一个个灰飞烟灭，消失在历史的长河中时，贝多芬却没有从人们的记忆中消失。贝多芬没有高贵的出身，却有不朽的作品，他有一种内在的、深沉的、自然散发、由里及外的高贵美。这种高贵是他用自己的努力赢来的，人们表面上遵从社会地位高的人，但内心真正顺服的是那些内心充盈、执著追求的人。

那么，一个真正高贵的人应具备哪些品质呢？自尊与面对顺境、逆境都能宠辱不惊的风度。

心灵上的高贵是一种难得的品格，也因为稀有，所以能得到人们的尊重和爱惜。

礼仪点睛

一个人的品质好与坏无疑会影响别人对他的态度。年轻人想要吸引他人的注意，就需要由内而外地将自己打造成一个"精品"。做到内外兼修，不管走到哪里，都会成为人们关注的焦点。

诚信做人，坦诚待人

任何时候，人都要为自己打造一块诚信的金字招牌，这对每个人都大有益处。

格耶·安塞姆是赫赫有名的罗特希尔德家族财团的创始人。18世纪末，安塞姆住在法兰克福著名的犹太人街道时，他的同胞们常常遭到残酷迫害。虽然关押他们的房子的门已经被拿破仑推倒了，但此时他们仍然被要求在规定的时间内回到家里，否则将被处以死刑。他们过着一种屈辱的生活，生命的尊严遭到践踏，但是这种情况下，安塞姆依然坚定地打造着自己的诚信招牌。

安塞姆开始在一个不起眼的角落里建立起了自己的事务所，并在上面悬挂了一个红盾。他将其称之为罗特希尔德，在德语中的意思就是"红盾"。他就在这里干起了借贷的生意，迈出了创办巨型银行集团的第一步。

当兰德格里夫·威廉被拿破仑从赫斯卡塞尔地区赶走的时候，他还拥有500万的银币。威廉把这些银币交给了安塞姆保管，但没有指望还能把它们要回来，因为他相信侵略者们肯定会把这些银币没收的。但是，安塞姆非常聪明，他把钱埋在后花园里，等到敌人撤退以后，就以合适的利率把它们贷了出去。当威廉回来的时候，安塞姆给了他一个喜出望外的好消息——安塞姆差遣他的大儿子把这笔钱连本带息送还给了威廉，并且还附了一张借贷的明细账目表。

在罗特希尔德这个家族的世世代代中，没有一个家庭成员给家族诚信的名誉带来过一丝的污点，不管是在生活上，还是在事业上的。如今，据估算，仅"罗特希尔德"这个品牌的价值就高达4亿美元。

诚信是格耶·安塞姆致富的"秘密武器"。曾任波士顿市长的哈特先生说，他目睹了诚信和公平交易的深入人心，90%的成功生意人都是以正直、诚信著称的。这也正是在告诉我们：真正的商人会坚守诚信。

其实，不光在商业上，交际中我们同样要讲究诚信。

诚信往往是一个人品格的评判标准，一个人能不能受到周围人的欢迎，诚信占有很大的比重。所以，假如你还没有树立诚信的形象，那你应该在诚实方面投资，以此来作为最好的积累财富的出路。

所以，我们要做一个讲诚信的人，在与人交往的过程中，做到以诚待人。

礼仪点睛

科尔斯说："品格胜于知识。"一个有高尚情操的人，一定会得到他人的信任和尊敬，也自然会有更多成功的机会。古人云："得道多助，失道寡助。"不论我们在生活中还是在工作中，都要以道德来规范自己的行为，这样才能获得人生的成功。

让自己充满热情

　　那些极富魅力的成功人士都有一个显著的特点，那就是他们无论是对人还是对工作都充满了热情。热情就是成功的不竭动力，一个人追求成功的热情越高，成功的几率也就越大。

　　欧普拉·温芙瑞曾是美国热播节目每日脱口秀的主持人，家喻户晓。有一次一位叫芭芭拉的女记者问她："欧普拉，一个黑人小女孩在南方成长是怎么样的情况？饱受歧视的感受一定很糟吧？"

　　欧普拉当时只说了一句话，就赢得了芭芭拉对她的尊敬与钦佩。欧普拉说："芭芭拉，我在很小的时候就发现，优秀的人是不会受到歧视的。"欧普拉的精彩回答让芭芭拉惊讶，也让她准备好的其他问题没有再问出口。

　　芭芭拉觉得欧普拉一定受过歧视，而且这种伤害在她的童年与她生命中的某些时刻都会伴随着她。不过，在与欧普拉接触之后，芭芭拉觉得这个问题已变得不那么重要了，因为欧普拉已经完全为她个人、她的生活态度以及她如何回应生命负起了责任。她在向人们表明：她拒绝谴责那些曾经伤害过她的人，任何强加给她的伤害，产生的只是她对生活、事业和人生的加倍热情。

欧普拉最让芭芭拉印象深刻的特征，就是欧普拉的热情：欧普拉对生命的热情，欧普拉对工作的热情，欧普拉对别人的热情以及她对追求人生卓越的热情。

那么，我们又应该怎样让自己充满热情呢？

詹姆斯博士在《如何有效地交流》一书中这样写道："当你说'早上好'时，你真的表达出你的'好'字了吗？当你给人祝贺时，你是充满热情地去祝贺吗？当你真心实意地向别人致谢、打招呼、祝贺时，应该引起对方的注意。"

人们都愿意和说话时充满热情的人交往，所以，无论你是在和谁说话，都要做到热情洋溢。

礼仪点睛

成功学的创始人拿破仑·希尔指出，一颗热忱之心会给你带来奇迹。热忱是富足的阳光，它可以化腐朽为神奇，给你温暖，给你自信，让你对世界充满爱。热情的人是极具吸引力的，热情的人在社交的舞会上，必然是全场的焦点。

心量，
让你立刻拥有"别样"人生

　　从前有一个年轻人，他很不快乐，整天为了一些鸡毛蒜皮的小事唉声叹气。为了改变这种生活态度，他请教一位德高望重的老者："我总是烦恼，爱生气，请您开示开示我吧！"

　　老者说："你先去集市买一袋盐。"

　　年轻人买回来后，老者吩咐道："你抓一把盐放入一杯水中，待盐溶化后，喝上一口。"

　　年轻人喝完后，老者问："味道如何？"

　　年轻人皱着眉头答道："又咸又苦。"

　　然后，老者又带着年轻人来到湖边，吩咐道："你把剩下的盐撒进湖里，再尝尝湖水。"

　　年轻人撒完盐，弯腰捧起湖水尝了尝，老者问道："什么味道？"

　　"纯净甜美。"年轻人答道。

　　"尝到咸味了吗？"老者又问。

　　"没有。"年轻人答道。

　　老者点了点头，微笑着对年轻人说道："生命中的痛苦就像盐的咸味，我们所能感受和体验的程度，取决于我们将它放在多大的'容器'里。"

年轻人若有所悟，后来果然变得快乐多了。

其实，故事里的老者所说的容器就是我们的心量，它的"容量"决定了痛苦的浓淡，心量越大烦恼越轻，心量越小烦恼越重。有成就的人，往往都是心量大的人，很多人为人类留下了丰富而宝贵的物质财富和精神财富，而他们大都是心包太虚的古圣大德。

其实，每个人的一生中总会遇到许多痛苦，如果你的心量有限，就和这个不快乐的年轻人一样，尝到的只能是又咸又苦的盐水。

一个人的心量有多大，他的成就就有多大，不为一己之利去争、去斗、去夺，扫除报复之心和嫉妒之念，则心胸广阔天地宽。当你能把一切都包容在心中时，你的心量自然就能如同天空一样宽广。

我们要让自己的心像海一样，任何大江小溪都要容纳；要和云一样，任何天涯海角都愿遨游；要和山一样，任何飞禽走兽，都不排拒；要和路一样，任何脚印车轨，都能承担……这样，我们才不会因一些小事而心绪不宁、烦躁苦闷！

所以，用更宽阔的心量来经营未来吧，迎接你的将是一种精彩的人生！

礼仪点睛

放宽心量不仅能获得别人的好感，对自己也是百利而无一害。生活中有很多的痛苦和烦恼，如果心量比较小，那么我们就会受其左右，而如果能把心量放大，心怀大局，那么痛苦和烦恼在我们生命中的比重也会变得很小很小。

用爱打造亲和力

　　亲和力是一种难得的个人魅力，它能唤起人们的热爱之情，并使人们愿意与之交往。

　　林肯，这位美国历史上最伟大的总统之一，他的一切成就，都与他的亲和力密不可分。

　　在林肯的故居里，挂着他的两张画像，一张有胡子，一张没有胡子。在画像旁边的墙上贴着一张纸，上面歪歪扭扭地写着：

亲爱的先生：

　　我是一个11岁的小女孩，非常希望您能当选美国总统，因此请您不要见怪我给您这样一位伟人写这封信。

　　如果您有一个和我一样的女儿，就请您代我向她问好。要是您不能给我回信，就请她给我写吧。我有四个哥哥，他们中有两人已决定投您的票了。如果您能把胡子留起来，我就能让另外两个哥哥也选您。您的脸太瘦了，如果留起胡子就会更好看。所有女人都喜欢胡子，那时她们也会让她们的丈夫投您的票。这样，您一定会当选总统。

格雷西

1860年10月15日

在收到小格雷西的信后，林肯立即回了一封信。

我亲爱的小朋友：

收到你15日前的来信，非常高兴。但我也很难过，因为我没有女儿。我有三个儿子，一个17岁，一个9岁，一个7岁。我的家庭就是由他们和他们的妈妈组成的。关于胡子，我从来没有留过，如果我从现在起留胡子，你认为人们会不会觉得有点儿可笑？

忠实地祝愿你的林肯

次年2月，当选总统后的林肯在前往白宫就职途中，特地在小女孩的小城韦斯特菲尔德车站停了下来。他对欢迎他的人群说："这里有我一个小朋友，我的胡子就是为她留的。如果她在这儿，我要和她谈谈，她叫格雷西。"这时，小格雷西跑到林肯面前，林肯把她抱了起来，亲吻她的面颊。小格雷西高兴地抚摸着林肯又浓又密的胡子。林肯笑着对她说："你看，我让它为你长出来了。"

这就是林肯的亲和力。亲和力让人萌发亲近的愿望，亲和力使得即使是陌生人也会"一见如故"。人们总是喜爱与谦和、温良的人交往，而不会心甘情愿地将自己置于一个人的威严之下。

礼仪点睛

"一善念起，万事花开"，"赠人玫瑰手有余香"，所以，年轻人，在自己的能力范围之内，尽己所能地行善吧。

远离狭隘天地宽

有的人遇到一点点儿委屈或很小的得失便斤斤计较，甚至耿耿于怀；有的人听到别人一两句批评的话就受不了了，甚至痛哭流涕；有的人在生活、工作中遇到一丁点儿失误就认为是莫大的失败、挫折，最后吃不下睡不着；有的人人际交往面窄，追求少数朋友间的"哥们儿义气"，只同与自己能力相当或不如自己的人交往，容不下那些比自己优秀的人……所有这些都是狭隘的表现，而这种人，其一生注定不会有太大的成就。

卡莱尔是一家书店的经理。

一次，他收到了店员给他写的一封信，信上对他极尽辱骂讽刺，说他很差劲，希望副经理能马上接替他的职务。读了这封信以后，卡莱尔带着信跑到老板的办公室里。他对老板说："我虽然是一个没有才能的经理，但我居然能用到这样的一位副经理，连我雇佣的店员们都认为他胜过我，我对此感到非常自豪。"

卡莱尔非但没有一丁点儿嫉妒，也没有感到自己的虚荣心受到损害，令人叹服的是，他为自己用了那样能干的副经理而感到自豪。

后来，他的老板不但没有撤换他，反而更重用他了。

狭隘是对一个人心灵和身体的双重约束。为什么这样说呢？

因为狭隘让人心胸狭窄，一点儿小事也能在他的心里掀起波澜，或嫉妒，或埋怨，或消极。这样实际上就是一种自我折磨，非但自己不快乐，还会影响到与周围人的关系。

所以，不管从哪方面考虑，我们都应该让自己的心胸、气量和见识等放开、变大，以积极的态度去克服狭隘。

礼仪点睛

狭隘的人不可能拥有良好的人际关系，没有良好的人际关系，就很难取得事业上的成功。关于克服狭隘，有很多办法，其中一个方法便是尊重别人，尊重别人的成就，尊重别人的学识，尊重别人作为一个个体与自己的不同。

保持谦卑姿态

有人胸中无墨，却骄傲地昂起头；有人学识渊博，却虚怀若谷。也有一些人做了一两件了不起的事，就嚷嚷着让全世界的人都知道；有一些人做了一件又一件的好事，却始终不动声色。

前者，选择了骄傲；后者，选择了谦卑，后者告诉了人们什么才是真正的高贵。

秦始皇兵马俑至今已出土了一千多尊，除了一尊被称为"镇馆之宝"的跪射俑外，皆有不同程度的损坏，需要人工修复。而这尊跪射俑是迄今保存最完整的，是唯一一尊未经人工修复的。仔细观察，就连衣纹、发丝都还清晰可见。

跪射俑何以能保存得如此完整呢？这得益于它的"低姿态"。

首先，跪射俑身高只有1.2米，而普通立姿的俑身高都在1.8米至1.97米之间。众所周知，兵马俑坑都是地下坑道式土木结构建筑，当棚顶塌陷，土木俱下时，高大的立姿俑肯定会首当其冲，而低姿态的跪射俑受的损害就小一些。

其次，跪射俑的右膝、右足和左足三个支点呈等腰三角形支撑着上体，重心在下，这无疑增强了其稳定性。因此，与两足站立的立姿俑相比，跪射俑更不容易倾倒而破碎。

古人常说："谦卑者其实最高贵。"谦卑，还意味着甘愿让对方处在重要的位置，而自己处在次要的位置。谦卑是指人因为虚心，所以能进入对方的心，被别人接纳。而在沟通时彼此接纳是很重要的，因此，作为一种品格，谦卑也非常重要。这也就提示我们，如果在与人相处时能保持谦卑，那人与人之间的关系就会很融洽。

因此，谦卑不仅仅是一种美德，还是一种生存策略。一个谦卑的人，往往在社交中更容易赢得大家的尊重和爱戴。因此，我们都应保持一颗谦卑的心，这样，我们的生命能够变得更加厚重。

礼仪点睛

人生在世，谁都希望自己能够脱颖而出，与众不同。当然，人有这种想法也是无可厚非的，只要能将出人头地的欲望用于正途，就能产生强大的动力，推动人不断地超越自己。

用微笑与别人沟通

微笑是人际交往的通行证，是打开每一扇心门的钥匙。在与人交往时，主动报以微笑，能迅速拉近彼此心与心的距离，赢得他人的好感。

飞机起飞前，一位男乘客请求空姐给他倒一杯水，他要吃药。一名空姐很有礼貌地说："先生，为了您的安全，请稍等片刻，等飞机进入平稳飞行状态后，我立刻把水给您送过来，好吗？"十五分钟后，飞机早已进入平稳飞行状态。突然，乘客服务铃急促地响了起来，这名空姐猛然意识到她忘记给那位乘客倒水了。于是她快步走到客舱，看见按响服务铃的果然是刚才那位乘客。她小心翼翼地把水送到那位乘客跟前，面带微笑地说："先生，实在对不起，由于我的疏忽，延误了您吃药的时间，我感到非常抱歉。"这位乘客抬起左手，指着手表说道："怎么回事，有你这样服务的吗？"无论她怎么解释，这位挑剔的乘客都不肯原谅她。

在接下来的航程中，为了弥补自己的过失，每次去客舱为乘客服务时，她都会特意走到那位乘客面前，面带微笑地询问他是否需要帮助。然而，那位乘客每次都摆出一副不合作的样子。

临到目的地前，那位乘客要求这名空姐把留言本给他送过去。很显然，他要投诉这名空姐。飞机安全降落，所有的乘客陆续离开后，这名空姐紧张极了，以为这下完了。没想到，她打开留言本，却惊奇地发现，那位乘客在留言本上写下的并不是投诉，而是一封热情洋溢的表扬信："在飞机飞行的整个过程中，你表现出的真诚歉意，特别是你的十二次微笑，深深打动了我，使我最终决定将投诉信写成表扬信。你的服务质量很高，下次如果有机会，我还将乘坐你们这趟航班。"空姐看完信，激动得热泪盈眶。

俗话说："伸手不打笑脸人。"微笑能够化解矛盾和尴尬，它能让你取得意想不到的效果。在人际交往中，我们要想赢得他人的好感，也必须要学会微笑，像故事中的那名空姐一样，用自己的微笑来改善与他人的关系。

礼仪点睛

学会了对自己微笑，就学会了热爱生活；学会了对他人微笑，就学会了与人相处之道；学会了对一切微笑，那么你的生活便会充满阳光。真正懂得微笑的人，才容易获得比他人更多的机会，因而也容易取得成功。

后记 Afterword

俗话说"独木难成林"。很多时候，一件事情的完成单凭一己之力是远远不够的，毕竟个人的知识和能力是有限的，只有借助集体的智慧和力量，群策群力，集思广益，才是最佳的做事方法，本书的完成就经历了这样的一个过程。

本书在写作过程中听取了许多同事的建议，也得到了很多老师和同仁的指点，没有他们的帮助和支持，就不会有这本书的问世。因此，借这个机会向他们表示诚挚的谢意：廖峰、黄文华、常悦、程仕才、刘健、张保文、秦风超、范毅然、李猛、李文静、孙朋涛、汪文娟、何瑞欣、张艳芬、闫瑞娟、欧俊、杨云鹏、梁素娟、焦亮、宋洁心、聂小晴、李彦岐、齐艳杰、周珊、李良婷、魏清素、赵文闻、杨茜彦、姜波、李伟军、于航。

另外，由于写作和出版时间仓促，书中不足之处在所难免，为此，诚请广大读者指正，特驰惠意。

年轻人
成长自助
书系